LOURDES

ET

LES MÉDECINS

Par

LE DOCTEUR FÉLIX DE BACKER

PARIS

A. MALOINE, ÉDITEUR

25-27, RUE DE L'ÉCOLE-DE-MÉDECINE, 25-27

1905

Lourdes et les Médecins

LOURDES

ET

LES MÉDECINS

Par

Le Docteur Félix DE BACKER

PARIS

A. MALOINE, ÉDITEUR

25-27, RUE DE L'ÉCOLE-DE-MÉDECINE, 25-27

1905

AVANT-PROPOS

A ceux qui voudraient voir pour croire.

« Je veux qu'ici vienne beaucoup de monde »

B. V. M.

Tant de pages ont été écrites sur les « choses » de Lourdes, qu'il paraît téméraire d'ajouter quelques notes sur un sujet si rebattu.

Je ne serais pas docteur en médecine, que je ne dirais rien.

*
* *

Après les trois jours que j'ai passés là, je ne me serais pas cru autorisé à donner des impressions.

La liberté même que je prends aujourd'hui n'a d'excuse que dans une sorte d'impulsion reconnaissante, pour cette visite qui m'a fait personnellement grand bien et donné une réelle quiétude.

*
* *

J'avais vu Lourdes en 1874 ; j'y avais remarqué peu de chose.

Depuis cette époque, j'avais parcouru presque chaque année Bordeaux, Bayonne, Pau, Toulouse, Sorrèze, Arcachon, Saint-Sébastien, Cambo, etc.

L'idée de m'arrêter à Lourdes ne m'était pas venue.

Je trouve cela tout à fait extraordinaire maintenant.

*
* *

Je n'ai pas lu « *Lourdes* », de Zola.

*
* *

Ayant connu le romancier depuis son « *Assommoir* », où je l'avais vu copier servilement l'observation d'un interne, sur un cas de « délirium tremens », je n'ai jamais apprécié cet homme laborieux, au point de paraître génial à ses admirateurs. Je l'ai su trop arriviste et trop ami de la vente, pour le croire véridique.

Son livre ne me dirait rien, et je n'aurais nulle velléité de le critiquer : Chacun ne peut percevoir que par son âme personnelle.

*
* *

L'homme qui travaille en un laboratoire de physiologie a besoin de se retremper dans une atmosphère psychique, s'il ne veut pas être dominé par le côté purement mécanique des phénomènes de la vie.

A force de voir face à face la cellule se reproduire sous le microscope, plus il constate que les lois qui la gouvernent sont stables, pour ainsi dire invariables et éternelles, plus il est *tenté* de rapporter à la matière seule ce qui est vital autour de lui.

****

J'ajoute bien vite que ce n'est là qu'une tentation.

Il est trop simple de voir, quand on le veut bien, qu'alors même qu'on arrive, comme mon confrère et ami, le docteur Leduc l'a fait, en utilisant les forces électriques et chimiques, à fabriquer une *cellule avec tous ses éléments*, il est nécessaire toujours de lui donner la vie, en lui inoculant une autre cellule déjà *vivante*.

* *
*

La vie initiale !
« *In principio verbum* ».
Nous n'y échappons pas.

* *
*

J'avais pensé aller à Rome, au Congrès de la Libre-Pensée, qui se tient au moment où j'écris, en face du Vatican, l'Ecole du Dogme.

Un grand nombre de *spécialistes*, confinés dans leurs spécialités, au point d'atrophier les circonvolutions cérébrales voisines, et ne plus rien voir au-delà, ont peut-être cru, en dehors du *bluff* moderne, et des facilités de l'excursion, qu'ils allaient rendre service à l'Humanité en proclamant que la Science, *la leur*, — bien entendu, — doit gouverner les mondes.

***

Les échos de ce Congrès me font penser à la sublime et légendaire histoire de la Tour de *Babel*.

On bavarde, on bave, on se dépense pour affirmer ce que nul ne prouvera jamais « que RIEN peut produire QUELQUE CHOSE », ou « que la Vie vient de RIEN ».

***

Si j'avais assisté à ce Congrès, plus que tout autre, j'aurais exalté la science et les connaissances que l'Homme peut acquérir par son labeur, sa patience, son génie ; plus que tout orateur, j'aurais essayé de célébrer les conquêtes de l'Air, de la Terre, de l'Eau, du Feu ; j'aurais cherché à montrer que, si déjà le

Monde appartient à l'Homme, il a le devoir d'aller à la conquête du Ciel.

Au nom de la Libre-Pensée, j'aurais conclu : JE CROIS EN DIEU.

Les journaux nous apportent la lettre de Marcellin Berthelot, secrétaire perpétuel de l'Académie des sciences de Paris, empêché de se rendre à Rome par son état de santé. Cette lettre a été lue et applaudie comme un *travail*, dans l'une des premières séances du Congrès.

C'est d'une médiocrité effrayante.

On y lit les phrases *pathologiques* suivantes :

« La réunion du Congrès de la Libre-Pensée à Rome est un signe des temps.

« C'est bien à Rome qu'est le puits de l'abîme, annoncé par l'Apocalypse.

« Le bûcher de Bruno fume encore et le procès de Galilée ne saurait être oublié.

« C'est donc une pensée juste, digne et salutaire (1) qui nous réunit ici pour le triomphe de la Société nouvelle.

« Voilà le drapeau que nous élevons en face du Vatican !

« Cependant la voix de la science n'est ni une voix de violents, ni une voix de doctrinaires absolus.

« Nous ne saurions méconnaître les bienfaits que la culture chrétienne a répandus autrefois sur le monde. Elle a représenté une phase de la civilisation, un stade aujourd'hui dépassé.

« La science que nous proclamons procède d'un esprit nouveau de TOLÉRANCE fondé, je le

____

(1) Vere dignum et justum est, œquum et salutare nos... Quelles réminiscences de Pontife, probablement invoulues !

répète, sur la liberté de la pensée et sur les connaissances exactes des lois naturelles.

« Elle IMPOSE ses directions dans tous les ordres industriel, politique, militaire, éducateur et surtout moral, en s'appuyant exclusivement sur les lois naturelles ».

* * *

Tout est contradictoire dans cette phraséologie. Notre pauvre maître, au service des Loges, semble un esprit *errant*. Son prédécesseur en chimie organique, Chevreul, à 105 ans, raisonnait mieux que cela !

Si la Science de M. Berthelot veut IMPOSER ses directions partout, où est sa TOLÉRANCE ?

* * *

Il faudrait s'entendre cependant, et non pas jeter dans l'air des mots comme un jongleur lance des boules pour marquer son adresse.

*
* *

Il n'y a qu'une Science, parce qu'il n'y a qu'une Vérité, une Justice, une Bonté, une Beauté, une Volonté. Il faut la chercher sans préjugé, sans contrainte, *la pensée libre* et *la volonté droite*.

La Science est donnée, comme la Foi, à qui la désire et la demande.

*
* *

— A qui peut-on demander la Science ?

— A celui qui la possède.

— Qui donc la possède ? Est-ce l'Homme ?

— L'homme ordinaire, esprit entortillé dans un amas de cellules ataviquement orga- nisées, est loin d'être assez évolué, pour la posséder en lui-même. Il ne peut que la recevoir de qui la détient.

— Qui détient l'omni-science, l'uni-science?

— Celui qui a fabriqué le visible et l'invisible. *Factor visibilium et invisibilium.*

*
* *

Ce que le microscope révèle dès maintenant, paraît merveilleux : mais Metchnikoff, et nous, nous attendons un nouveau perfectionnement de l'optique pour discerner ce qui reste sur le filtre et qui inocule des maladies si virulentes aux singes et aux hommes. (Congrès de Dermatologie de Berlin, août 1904.) Nous ne trouvons pas le petit point, la virgule qui constitue le microbe dans la rage, dans la pleurésie, dans l'abcès froid, le cancer, etc... Nos fils les verront peut-être avec des instruments meilleurs ou un éclairage supérieur.

Nos fils reculeront les limites du visible,

mais il restera toujours beaucoup d'invisible, comme base de ce visible.

Et après ?

* *

Quand nos arrière-petits fils, beaucoup plus avancés que Berthelot et nous, grâce à de nouvelles découvertes de la Science, s'élèveront dans les airs, franchiront les espaces, et dompteront les tempêtes de l'atmosphère, comme nous affrontons celles des océans ; quand ils fabriqueront le *diamant* en des fours électriques perfectionnés ; quand ils auront trouvé le moyen d'empester à distance une armée, sans exercices militaires ; quand enfin, ils auront trituré la « pilule de Berthelot » qui permettra de se nourrir sans fatigue, en admettant que l'estomac et l'intestin se contentent de l'inactivité ; après ?

*
* *

— Après, disons-nous, l'homme aura-t-il le bonheur ?

— Non, car il faut qu'il cherche encore mieux : *le progrès* est sa loi.

— Le progrès, toujours le progrès ?

— Toujours mieux ! toujours en avant ! toujours *plus* haut !... Excelsior !

— Jusqu'au Très-Haut, alors ?

— Parfaitement.

— N'est-il pas plus simple de commencer par là ?

*
* *

— Comment ?

— Parce que l'homme ne pouvait atteindre ici-bas le Bonheur ou le Très-Haut, s'est accomplie l'union de l'Infini au fini, du Très-Haut au Très-Bas.

Il fallait le Dieu-Homme.

IL existe, a existé, existera dans tous les siècles.

Etudions cela, nous qui voulons tout savoir : Cela vaut la peine.

Le « puits de l'abîme apocalyptique » dont on parle, n'est-il pas le fond de nos fours, et de toutes nos sciences *spécialisées* sans synthèse, où s'engouffre l'Esprit Humain ?

Laissez-moi le penser librement.

Librement, l'anarchiste rejette Dieu, l'Eglise, l'Etat, la Science, la Loi, toute Loi : et voilà comment le Congrès de La Libre-Pensée doit finir dans le cri de : « Vive l'Anarchie ! »

C'est le vrai triomphe du Pape au Vatican.

***

« Aux MIRACLES de la Foi, nous opposons les MIRACLES de la Science », a-t-on crié au Congrès de Rome (22 sept. 1904).

Nous sommes plus larges.

Notre foi n'exclut aucune Science et nous acceptons le mot « miracles » appliqué aux découvertes modernes.

***

Puisse notre tolérance réciproque ne rien nous imposer et respecter toute liberté, sans spoliation ni tyrannie !

F. De B.

Paris, le 23 septembre 1904.

I. Miracles de la Science

« Pour croire il faut voir »

St-Thomas.

— « Mais vous, docteur, vous avez fait un véritable miracle en guérissant la jeune Suzanne Lobet, comme vous l'avez fait. J'ai vu son poignet, moi, avec ses cinq trous purulents : C'était affreux ! Et le docteur Potherat avait conclu à l'ablation de cette portion du bras !

Maintenant, cette enfant chétive et maigre est splendide, n'a plus rien du tout et écrit admirablement avec sa main guérie. »

***

C'est ainsi que Mme de Pampelonne m'acceuillait au château de Gagny, quand je lui disais mon retour de Lourdes.

Je répondis :

— C'est vrai, madame ; j'ai mis cinq mois à opérer cette guérison et j'ai fait cinq injections de ferments.

***

Je suis forcé d'admettre, après douze années d'expériences, que les éléments vivants constituent la véritable thérapeutique de toute agglomération cellulaire anormale — tuberculeuse ou cancéreuse.

Il y a de *véritables miracles de la science* et je conçois que, lorsque il y a onze ans, mon confrère et maître Legroux, devant Cécile

Guillaume que je vois souvent, 48, Boulevard Malesherbes, lorsque Legroux s'écriait: « C'est fantastique : cela tient du miracle », il avait raison.

Le docteur Bousseau, de Paimbœuf, en dit autant quand il voit les transformations de M. Roux, de M. Richard, et tant d'autres.

Je citerais vingt confrères médecins qui célèbrent les merveilles des agents vivants dans l'économie.

*
* *

Le docteur Voisin a guéri par la suggestion et le sommeil hypnotique un adolescent chétif et vicieux ; il a amené ce jeune homme à travailler, et à désirer faire sa première communion, à l'âge de seize à dix sept ans.

Aussitôt que ce désir entra dans son être, celui-ci fut trouver le prêtre qui pouvait l'instruire et étudia son catéchisme avec une

telle diligence, qu'en deux mois il fut prêt et
put communier à la Noël.

Ce fut prodigieux.

Le docteur Bérillon guérit de la dipsomanie
des alcooliques récalcitrants et parvient quelque fois, ainsi que le constate la *Revue de
l'Hypnotisme*, à rendre la vue à un aveugle,
l'ouïe à un sourd.

Je ne crois pas que nous ayons encore des
médecins modernes qui nient l'influence de
l'âme sur les phénomènes du corps.

Celui qui veut confiner dans la matière chi-
mique et organique toutes les manifestations
de la vie, sans l'intervention d'une puissance
occulte, n'existe plus.

Il aurait trop la crainte de passer pour ar-
riéré, celui qui n'admettrait pas aujourd'hui
qu'il y a des phénomènes inexplicables dans
la vie de chaque être et que, s'il y a des faits
ordinaires qui constituent *les lois naturelles*
il y a près d'eux un certain nombre d'exceptions qui peuvent échapper à ces lois.

****

Les miracles de la Science se multiplient et
annoncent qu'un progrès s'accomplit chaque
jour dans la connaissance humaine. Le cerveau, semble-t-il, ou mieux tout l'organisme
se perfectionne, en se rapprochant de plus en
plus de son terme d'évolution terrestre, *indé-
terminable encore*.

Quand on dit que le miracle de la Foi devient
plus rare à mesure que s'avance le miracle de
la Science, l'on commet une erreur fréquente

qui fait comparer deux choses qui n'ont entr'elles que des rapports très lointains.

*
* *

La science nous a donné le téléphone, le phonographe, le télégraphe sans fil et demain peut-être, nous permettra de voir *à de grandes distances* quand on recueillera électriquement les vibrations visuelles, comme l'on reçoit et amplifie les vibrations acoustiques.

Il n'y a, somme toute, entre ces deux vibrations qu'une question de nombre dont l'enregistrement peut être facilité par un récepteur perfectionné.

Il est aisé d'entrevoir ce nouveau progrès, et cette merveille viendra s'ajouter à tant d'autres.

*
* *

Où s'arrêteront les miracles de la Science ? Nul ne peut le prévoir.

L'intuition constitue le génie humain, et l'intuition elle-même peut-être considérée comme une sorte d'étincelle émanant de *celui qui sait* vers celui qui ne savait pas tout à l'heure.

L'Homme apte à recevoir devient apte à donner et c'est alors que le miracle commence.

*
* *

Longtemps, on a considéré la cataracte comme une cécité incurable ; quand on a vu que c'était une simple pellicule à enlever de l'œil, comme une pelure d'oignon, on a guéri nombre d'aveugles et la Science a remplacé l'Ignorance sur ce point.

La diphtérie produit des fausses membranes qui étouffent l'enfant; on s'est aperçu qu'il suffit de donner une injection du sérum d'un cheval rendu malade et guéri de la même maladie, pour faire tomber les fausses membranes.

Plus tard, quand on aura fait la preuve qu'il suffit de distendre les vaisseaux sanguins par une injection d'eau salée tiède, pour obtenir le même effet, tout le monde proclamera le nouveau miracle scientifique, le nouveau triomphe du simple sur le compliqué.

Les limites du connaissable reculent chaque jour et j'en vois de nouvelles preuves dans les applications du *Radium* pour les maladies microbiennes de la peau.

Ses applications sur le système nerveux ne tarderont pas à donner, peut-être, aux plus faibles des forces abondantes, suivant les cas. Pour entrer dans le domaine pratique, il suffira que cet agent guérisseur ne soit plus à 200.000 francs le gramme.

Est-ce tout ?

Nous n'en finirons point, si nous voulons exposer tous les miracles de la Science, en cette aurore du xxᵉ siècle, évidemment privi-légié, si le connu n'est point détourné de sa fin, qui est le bonheur de l'Humanité.

Nous ajouterons cependant un mot sur les nouveaux phénomènes cités par Charpentier.

Les rayons N, émanations inhérentes en quelque sorte à l'être vivant, démontrent que la vie cellulaire rentre elle-même dans la loi unique des vibrations, qui sont tantôt un son et tantôt une lumière, toujours harmonieuses suivant une règle, une et éternelle.

Ces rayons, recueillis par des plaques de photographie ultra-sensibles, semblent aujourd'hui indéniables et les puissances nerveuses, dont elles sont les manifestations chimiques, sont elles-mêmes révélées d'une manière plus saisissable; elles expliquent les rayonnements extraordinaires des personnalités légendaires.

*
* *

De César, de Cromwell, de Bossuet, de Napoléon, de Gambetta partaient des irradiances, expressions des passions violentes qui agitaient ces incarnations de volontés ; de

Descartes, Pascal, Lavoisier, Claude Bernard se dégageaient des lueurs d'intelligence ; des innombrables saints qui ont vécu sur terre, se sont détachées des auréoles lumineuses que voyaient, dans la foule, certaines âmes simples, véritables plaques sensibles, aptes à enregistrer ces phénomènes d'une science dont l'Amour peut décupler les perceptions.

*
* *

Il serait prématuré de conclure aujourd'hui à ce que l'avenir nous réserve.

Les radiances de nos corps, tout imparfaites qu'elles soient, ont leur signification électromagnétique ; elles peuvent subir des fluctuations ; le nombre des vibrations lumineuses peut être augmenté par certaines substances, comme la quinine, qui peuvent dès lors activer la vitalité, et par conséquent concourir à la guérison des maladies de nutrition ralentie ou entravée.

*
* *

A considérer tous ces phénomènes, n'est-ce pas que les *miracles de la Science* se multiplient comme à satiété ?

L'homme grandit et sa gloire monte.....

Doit-il et peut-il s'enorgueillir ?

Est-il le principal ? Est-il l'accessoire ?

Est-il le créateur ? Est-il la créature ?

Lamark a répondu ; avec Claude Bernard, avec Pasteur, avec tous les travailleurs qui pensent, nous disons à notre tour :

« Nul n'est quelque chose qu'en celui qui
« l'a fait. Le vase appartient au potier qui l'a
« modelé. »

*
* *

Quand nous, humains, nous nous servons de l'électricité, il est juste que nous sachions que nous n'avons pas fabriqué l'électricité ni ses lois : nous les subissons ; nous les dirigeons quelquefois, parce que nous les connaissons, mais la cause première est au dessus et en dehors de nous.

Quand nous labourons la terre avec un bœuf, l'idée ne nous vient point de déclarer que nous ayons eu une part importante dans la formation de cet animal : nous ne sommes que l'instrument qui entretient sa vie et profite de son énergie.

Je veux bien que l'homme s'exalte devant ses semblables : Un borgne peut être satisfait parmi des aveugles, mais qu'il n'aille pas jusqu'à se persuader qu'il est le premier des clairvoyants !

Je ne puis admettre les miracles de la Science qu'en me soumettant aux miracles supérieurs d'une foi qui devient ici la Raison souveraine, parce qu'elle est la croyance en la Puissance qui n'a pas de limites.

II. — **Différence frappante entre les miracles de la Science et les miracles de la Religion.**

> « Je vois.
> « Je suis guérie ».
>
> J. W.

La part que nous avons faite aux miracles de la Science est aussi large que notre raison peut l'atteindre, que nos observations peuvent la pénétrer ; mais il y a une limite.

Cette limite peut se résumer en une question de temps.

Le *temps* est un facteur indispensable pour l'accomplissement des guérisons naturelles ou thérapeutiques, surtout dans la cicatrisation des plaies, dans la formation ou régénérescence des os, dans la disparition graduelle des nodosités arthritiques ou des fongosités tuberculeuses.

Que j'applique les rayons X à une excroissance de chair cancéreuse, que je fasse une injection de ferments vivants dans le bras d'un tuberculeux, dans une articulation qui suppure, *j'attends* l'effet plutôt lent de ces applications d'agents physiques ou physiologiques. J'ai besoin de renouveler les séances, de recommencer mon injection, d'aider la nutrition générale.

Quand le succès couronne les efforts du médecin, il s'écoule un *temps* appréciable entre le moment du traitement et celui du rétablissement.

Dans certains cas de nervosisme, la suggestion et l'hypnose ont pu ébranler violemment, substituer même une volonté à une autre, et l'effet a pu être assez subit ; mais je ne crois pas que l'on puisse citer un seul fait où il y ait eu transformation brusque de l'état de plaie en l'état de restauration cicatricielle.

« Levez-vous et marchez. » — « Allez, votre foi vous a guéri. » — « Je suis guéri. » — « Je marche. » — « Ma plaie est fermée. » — « Ma jambe s'est affermie tout à coup. » — Une sorte de frémissement a passé en moi et j'ai senti que j'étais tout autre. » Voilà ce qui se passe à Lourdes, comme dans les récits tirés des Evangiles.

Les guérisons sont brusques dans presque tous les cas enregistrés.

*
* *

« *Natura non facit saltus.* » « *La nature ne fait rien par sauts et par bonds.* » La feuille qui pousse, le grain qui germe, l'enfant qui grandit, la plaie qui se cicatrise, l'os qui se reforme, tous ces phénomènes sont lents et exigent du *temps*.

*
* *

Les phénomènes qui consistent dans une apparition brusque de la lumière, quand on frotte une allumette dans l'obscurité, d'une étincelle qui se dégage au contact des deux pôles électriques, la brusquerie d'une fracture matérielle par un choc, rien de tout cela ne peut entrer en comparaison avec les phénomènes de réparation dont il est question ici.

***

Il faut bien nous entendre sur le côté *mira-culeux*, inexpliqué *actuellement*.

Nous ne disons pas *scientifiquement* et pour une raison bien simple, c'est que nous ne pouvons pas savoir *aujourd'hui* ce qu'il plaira à Dieu de révéler *demain*.

La science humaine n'est, pour nous, qu'une sorte de révélation constante de celui qui sait à celui qui ne sait pas encore.

***

Si l'homme n'avait pas la sottise de s'attribuer le mérite de ce qu'ON lui apprend, et de ce qu'ON lui permet de savoir, nous sommes persuadés qu'il en saurait bien davantage.

*
* *

La tuberculose et le cancer, ces deux fléaux plus destructeurs que vingt guerres meurtrières, disparaîtront probablement du monde, dès que l'on se servira partout de cellules vivantes pour régénérer les natures appauvries ou mal venues. Il faut y ajouter tous les éléments physiques électriques dont nous disposons dès maintenant.

*
* *

Voilà une persuasion qui s'est lentement dégagée de nos expériences personnelles; mais nous sommes loin de songer un instant que ces miracles de la Science puissent souffrir une comparaison même éloignée, avec les miracles de la Religion, tels qu'ils se présentent à Lourdes.

* *
*

Nous ne pouvons, *à l'heure actuelle*, expliquer par nos connaissances acquises sur le système nerveux, sur le grand sympathique, sur la moelle épinière, sur les nerfs vaso-moteurs, sur les vaso-dilateurs et les vaso-constricteurs, nous ne pouvons *expliquer* les guérisons que nous avons vues, que nous voyons s'opérer par la VIERGE de Lourdes.

* *
*

Il y a là des phénomènes qui ne se voient pas ailleurs.

Les moyens thérapeutiques dont nous disposons, ne peuvent pas *provoquer* ni *obtenir*, des résultats comme ceux de la brusque disparition d'une suppuration, d'une plaie, d'un lupus, d'un cancer récidivé, ou encore la réunion subite de deux portions d'os, sans la trace d'une reproduction osseuse dénommée « *cal* » (1).

Ainsi que nos confrères, les docteurs Boissarie, Cox, Féron-Vrau, Duvergey et beaucoup d'autres, nous laissons de côté les effets spéciaux dus au système nerveux.

Tant mieux pour ceux qui en bénéficient !

Néris, Uriage, Lamalou, Cassen, Dax, peuvent à juste titre, revendiquer de telles cures.

Loin de nous la pensée dè décourager les médecins hydrothérapeutes !

(1) On appelle « des cals » les *cicatrices* d'un os fracturé et guéri. Ces « callosités » ou « cals » sont épais et peuvent donner raison au dicton populaire qu' « on ne peut se casser la jambe deux fois au même point. »

*
* *

Lourdes, d'ailleurs, nous pouvons le souligner avec attention, ne paraît pas fait pour les gens qui peuvent aller aux Eaux minérales de Pougues, Plombières, Vichy, Baden, Carlsbad, etc...

La concurrence ne serait pas loyale, semble-t-il, et Lourdes reste bien réservé aux déshérités et aux indigents.

Laissons-le leur.

*
* *

En ergotant bien, nous pourrions trouver que pour cent malades traînés à ces piscines qui n'ont aucune propriété médicinale, plongés dans cette *eau courante*, de 10 à 14°, ne faisant qu'une réaction insuffisante, ·il y a un nombre relativement restreint de guérisons ;

les médecins-doucheurs de nos stations balnéaires relèveraient dans leurs statistiques un beaucoup plus grand nombre de transformations avantageuses.

* * *

Il y aurait quelque apparence de raison dans cette remarque, si Lourdes revendiquait une minéralisation quelconque, comme Bagnères-de-Luchon ou Cauterets, etc., etc.

Mais n'oublions pas que les moyens sont tous autres et que le combat ne se livre pas ici avec les mêmes armes.

* * *

D'un côté, c'est la Nature qui guérit.

De l'autre, c'est la Foi qui sauve.

D'un côté, c'est une Cause Seconde qui intervient.

De l'autre, c'est la Cause Première qui ordonne.

*
* *

Heureux celui qui a cette joie, de distinguer la Cause Première derrière la Seconde !

Il dispose alors de deux forces, au moins
égales.

*
* *

Quand la maladie le terrasse et que la
Nature ne le sauve pas, n'y aurait-il pas
cruauté, insanité, mauvais instinct à lui enlever la Foi qui peut le sauver encore ?

Le coup de rame sur la tête du malheureux
qui s'accroche au canot de sauvetage n'est
pas humain, mais bestial.

*
* *

Si notre malade découragé nous parle de ce voyage, n'essayons pas de lui enlever son espérance, disons-nous simplement :

« Dieu, qui a fait la cellule vivante, peut et sait la réparer ».

III. Miracles de la Religion

Nous saluons donc, à côté des miracles de
la Science, les miracles si nombreux, si pro-
bants, si éclatants dont Lourdes est le
théâtre.

Nous en avons vus ; nous en avons enregistrés ; nous avons, avec joie, donné à ces
faits le témoignage de notre conscience médicale.

Le 28 août 1904, appelé à Dax, je résolus
de franchir la distance qui sépare de Lourdes,
ne sachant nullement si j'allais rencontrer de

nombreux ou de rares pélerins. J'avoue que
la chose me paraissait assez indifférente ; j'allais en curieux, bien plus qu'en homme déjà
prévenu en faveur de la foule que je devais
voir.

J'ai aujourd'hui l'horreur des grandes réu-
nions d'hommes et j'ai soin de m'en garer
instinctivement ; depuis quinze ans, où les
événements politiques m'y avaient entraîné,
j'ai pris les foules en aversion, les ayant vues
dans leur délire, dans leurs mouvements de
grandes vagues troublées qui se ferment sur
les victimes.

Ma femme et mon fils étaient venus me
rejoindre : nous arrivions vers une heure, pour
déjeuner.

***

La première impression fut très pénible :

Nous voyions descendre pêle-mêle du train, sous cet interminable hangar qui constitue la gare de Lourdes, tous ces boîteux, perclus, malades à figure pâle et décomposée par la fatigue de la route, la plupart venant de très loin, cahotés dans les compartiments de seconde classe pour les plus souffrants, de troisième pour les autres: le spectacle nous parut lamentable. Le long des wagons circulaient, avec les employés du chemin de fer, une quantité d'hommes dont les lanières de cuir en bretelles indiquaient la profession de *brancardiers*, pour les transports en civière. La plupart avaient une médaille sur la poitrine et présentaient une physionomie des plus sympathiques. Ils inspiraient la confiance et l'on voyait qu'ils étaient les bien venus près de tous ces malheureux.

*
* *

Nous montâmes dans l'omnibus de l'hôtel
des Ambassadeurs, guidés par M. Panis, un
digne prêtre, aumônier de la grande maison
chirurgicale de la rue Bizet, à Paris, où travaillent et opèrent depuis si longtemps nos
Terrier, nos Berger et autres grands maîtres
de la chirurgie moderne.

*
* *

En entrant dans la ville, nous avions le
cœur serré en constatant l'affreux mercantilisme qui s'est emparé de toute cette popula-
tion : Tout le monde à Lourdes est devenu
hôtelier, marchand de statues, de médailles,
de chapelets, de fac-simile de la grotte, de
porte-plumes, de chocolat, de pastilles, le tout
habillé du cachet prétendu religieux. Bref, je
trouvais une sorte de grande ville d'eaux où

le casino et les jeux étaient remplacés par
une basilique et une crypte souterraine ; il y a
trente ans, je n'avais constaté qu'une petite
ville très simple ; dans quelques baraque-
ments, se vendaient des objets de dévotion,
des images et des cierges.

* *

Je serais volontiers revenu en arrière ; mais
je voulus demeurer, et je réprimai cette émotion première.

* *

Je fis bien.

* *

Je ne tardai pas à avoir l'explication de
ce mercantilisme, seul en cause, dans la
permission donnée par nos ministres aux manifestations religieuses de Lourdes. Tout ce

commerce de chapelets, de statues, de médailles, etc..., est entre les mains de grosses
maisons juives qui ont su monopoliser. pour
ainsi dire, ces articles et les livrent à tout
marchand, payables après vente. Une surveil-
lance israélite très-scrupuleuse est observée à
cet effet.

A Lourdes, Israël défend son bien.

Les pélerinages font circuler l'argent de
tous : le drainage se fait par le chemin de fer,
par l'hôtellerie, par les objet religieux.

De même qu'à Jérusalem, le commerce juif
s'est emparé des principaux débouchés.

Catholiques français, tranquillisez-vous, le
peuple d'Israël ici vous garde !

**
* *

Sitôt le déjeuner fini, je me dirigeai vers la Basilique et la Grotte.

A mesure que j'avançais, mes idées s'élargissaient : je suivais un petit chemin ombragé, le long du Gave frémissant en cascades, et je commençais à me trouver en face de gens calmes et recueillis qui revenaient ou allaient, se saluant, comme s'ils se connaissaient. La plupart portaient au corsage ou au veston un emblême que je distinguais être la croix de Lorraine.

« Nous sommes du pélerinage de Nancy, Monsieur, » me dit une dame entre deux âges que j'abordais, nous ne partons que lundi. »

— Et vous êtes arrivés ?

— Jeudi soir ; nous passons ici quatre jours.

— Vous venez directement de Nancy ?

— Pardon : nous sommes venus parAnnecy

et Rocamadour; nous revenons par Lyon et Paray-le- Monial.

— Un véritable tour de France, alors ?

— Oui, Monsieur, et pour moins de cent cinquante francs, nourriture et logement compris, ajouta la dame en souriant.

— Il faut avouer, répliquai-je, que les pélerinages sont bien compris, et sont un enseignement populaire merveilleux.

— N'est-ce pas ? Monsieur.

***

J'arrivai bientôt au vaste bâtiment en pierres de tailles qui borde le Gave et je regardai l'intérieur, par dessus les petites balustrades. Je vis comme un immense corps de garde, avec des lits relevés : il y en avait au moins cent par grande salle : c'était le refuge de nuit des hommes. Tout y était propre et bien tenu. On me dit que c'est le dortoir des hommes qui n'ont point l'argent nécessaire pour loger en ville...

Comme le temps est beau, très peu de pèlerins séjournent là dans la journée : tous sont dehors, ou dans les immenses préaux où l'on mange ce qu'on a apporté, car on ne vend rien ici.

*
* *

Je fus immédiatement frappé de la simplicité de tous ceux que je rencontrai et de l'attitude réservée qui me sembla la caractéristique de chacun d'eux.

Une atmosphère spéciale environnait tout l'ensemble de ces constructions plutôt bizarres où l'on a prodigué les dépenses pour n'arriver, au point de vue artistique, qu'à des monuments médiocres.

On a voulu faire trop vite :

C'est un grave défaut de notre époque. Un

architecte génial présente des plans merveilleux qui exigent d'immenses travaux et
beaucoup d'argent : les organisateurs préposés à l'édification des monuments prennent
peur. Ils n'ont point la confiance de ceux
qui commencèrent Notre-Dame de Paris, le
Dôme de Cologne, la Basilique des Apôtres
de Rome. Ils acceptent d'autres plans, d'autres
projets et finissent par mettre une grande
chapelle là où devrait être la plus vaste église
du monde.

Un vaisseau, qui contient à peine mille personnes se dresse à la place où l'on voudrait
pouvoir réunir cent mille hommes, abrités de
la pluie et du soleil. C'est l'Esplanade qui
précède les gradins montant à la Basilique
que l'on aurait pu et dû couvrir d'une immense carène renversée.

Cette entreprise eût demandé un siècle et cent millions…. deux francs, pas même, par pélerin.

On n'a plus la foi : on fait mesquin. C'est un malheur du temps : il se retrouve à Lourdes.

*
* *

Est-ce à dire que la Basilique, la Crypte et le Rosaire soient à dédaigner ?

Certes non : mais ceux qui ont présidé à ces constructions ont mal calculé : ils n'ont point prévu le mouvement du monde entier autour de la *Mère Douloureuse*. Jadis, les disciples encore tremblants n'avaient point osé croire leur Maître, quand il annonçait que, dans trois jours, il aurait laissé vide le suaire de sa tombe, après l'avoir imprégné des contours de son corps.

Même ici-bas, quand il s'agit de Dieu, de son règne et de sa gloire, on peut commencer petit mais prévoir immense : aucune ambition n'est trop.

**
* *

Heureusement, à Lourdes, ciel du Midi, le plafond d'azur n'avait point, ces jours là, de nuages et le bleu répandait dans l'âme une douce sérénité.

**
* *

Je vis bientôt, à la droite, une sorte de pavillon ménagé sous des voûtes, sur lequel je lus :

ATTESTATIONS MÉDICALES

*
*. *

Personne encore n'était arrivé au bureau :
on me dit que le docteur Boissarie, ou l'un de
ses confrères ne serait là, que vers quatre heures, après la procession.

*
* *

Je me dirigeai donc lentement, sous un soleil
brûlant, vers la Grotte.

J'avais laissé ma femme et mon fils aller
suivant leurs inspirations : je tenais à me
trouver seul et à observer par moi-même,
sans subir aucune conversation ni influence.

*
* *

Je revis avec joie que depuis trente ans, rien n'avait changé à la grotte : la même petite statue, mi-grandeur naturelle dans l'excavation de pierres, les grosses branches de l'églantier ; le roc seulement, sous la Vierge, était comme *ciré* par les baisers que les pélerins y déposent en passant.

Cela me fit penser involontairement au gros doigt de pied du Saint-Pierre de Rome, dont les baisements ont usé le bronze, pour ne plus laisser voir que le cuivre de l'alliage.

Ici, c'est le granit qui laisse mieux apparaître ses innombrables grains ; il faudra des siècles pour user cette pierre dure et grenue.

*
* *

Dans le fond de la grotte brûlent, nuit et jour, des cierges de toutes dimensions : la fumée a noirci toutes les parois ; une odeur de suif et de cire se dégage de là, quand on approche.

Ce n'est pas beau, et cependant l'on n'oserait rien changer à ce qui est une manifestation aussi ancienne que l'humanité, la consécration du feu, comme hommage suprême à la divinité.

Dans tous les sanctuaires du monde, le feu brille et se consume : c'est l'image de la façon dont la créature doit se dépenser dans l'effort, pour le bien de l'Humanité, celle-ci étant l'une des portions tangibles de la Divinité sur terre.

Se consumer, se fatiguer, se donner, s'oublier pour autrui, dit la morale évangélique, c'est travailler, s'immoler, brûler pour le Divin qui s'est, pour ainsi dire, voilé dans l'Humain.

*
* *

Quand nous soignons avec amour du Divin, le malheureux qui souffre, nous pourrions à chaque instant découvrir en lui la personnalité divine, et ce n'est pas là du mysticisme pur, c'est une vérité de simple philosophie.

La souffrance n'est explicable que par la nécessité d'une réparation : c'est donc simplement aider à la Réparation que d'aider à supporter la souffrance ; cela s'appelle travailler à l'œuvre divine.

C'est pour cela que le médecin a droit à tous les égards.

Il exerce une véritable mission humanitaire : celle de guérir, s'il le peut ; celle de soulager et de consoler, il le peut toujours et le doit.

Son œuvre est immense et sublime.

La grotte me parut bien belle, dans sa simplicité, et je me surpris plein de gratitude pour
ceux qui avaient respecté sa nudité.

Je compris pour la première fois l'image
de ces cierges et leur odeur m'en parut moins
âcre.

Quand je revins, vers quatre heures, au bureau des Constatations Médicales, j'y rencontrai M. le docteur Boissarie.

C'est un homme d'aspect sévère, à favoris
courts ; il marque l'ancien officier de marine.
Son abord fut assez froid.

Je me nommais.

Je croyais que mon nom, plutôt connu dans
le monde médical, lui dirait quelque chose.

Le docteur Boissarie ne connaissait pas mes ferments : il sait bien les effets des levûres de bière, mais l'origine des travaux sur ce sujet lui échappait et l'intéressait peu d'ailleurs.

* *

Quand mon nom fut prononcé, M. le docteur Féron-Vrau, de Lille, assis à la droite du docteur Boissarie, leva la tête et me dit simplement : « Vous êtes bien M. De Backer, de Roubaix, n'est-ce pas ? »

— Parfaitement.

— Ah bien ! veuillez vous asseoir : je vous connais et je suis un des amis de votre frère.

La glace était brisée et la conversation prit une tournure plus amicale.

M. Boissarie me montra quelques-unes des dernières observations.

*
* *

Sur le bureau se trouvaient deux tibias en bronze qui avaient, dès mon entrée, attiré mon attention :

— Je connaîs ces os-là, m'étais-je dit ; je les ai vus quelque part.

Je pus à loisir me rappeler où et comment.

*
* *

Le cas de De Rudder est un de ceux qui sont le plus extraordinaires, j'allais dire le plus extravagants qu'on ait pu signaler parmi les guérisons attribuées à la Vierge de Lourdes.

— Bien qu'il y ait plus de vingt-cinq ans que cet événement s'est produit, nous le rappelons brièvement :

De Rudder, bûcheron chez le baron de B...

avait eu la jambe droite brisée par la chute d'un arbre. Pendant huit ans, il présenta des phénomènes de suppuration plus ou moins intenses : de nombreux chirurgiens consultés voulaient faire l'ablation du membre ; le malade se dérobait à l'opération. Les fragments étaient disjoints de plusieurs centimètres et les muscles avaient fini par reprendre une contractilité qui permettait au malade d'entortiller en quelque sorte, sa béquille dans la jambe.

De Rudder traînait une existence très malheureuse, et sa famille était dans la misère.

Un jour, il se trouva compris dans un groupe de pélerins priant et chantant dans une propriété voisine de Gand, où l'on avait élevé une grotte artificielle, imitant celle que cotoie le Gave des Pyrénées.

Deux employés du chemin de fer avaient aidé le pauvre béquillard à descendre de wagon, et il avait eu toutes les peines du monde à se traîner jusqu'à la petite chapelle.

Tout à coup, il sent tomber ses linges salis de pus ; la jambe se raidit et supporte son poids : sa béquille devient inutile et une heure après, chacun, stupéfait peut voir le brave homme, ingambe et alerte, courir pour rejoindre un tramway qui partait sans lui.

La guérison fut complète : Elle dura près de vingt ans et De Rudder mourut de la mort la plus naturelle, après avoir repris le travail.

L'autopsie s'imposait : elle put être pratiquée par des médecins compétents et dignes de foi : les os furent moulés et coulés en bronze. Ce sont ceux que j'avais vus jadis photographiés.

Ils sont très curieux :

Le cal ordinaire qui suit les fractures consolidés n'existe point ; à peine une trace, une sorte de tubérosité sur le côté, une fente cicatricielle sur la partie antérieure, une réunion spéciale, sans cal ; voilà l'aspect.

*
* *

Je me suis bien promis de me procurer ces presse-papiers de bronze, sitôt que je le pourrai : ils constituent des pièces à conviction d'une inexprimable valeur pour tout *esprit non prévenu*.

*
* *

Ces derniers mots qui me viennent sous la plume, me sont suggérés par ce fait inoui que j'ai vu, un médecin refusant de croire à l'évidence de tels phénomènes, prétextant la supercherie, le parti-pris, la mauvaise foi de ceux qui ont fait l'autopsie, criant à la substitution, à la falsification des pièces, etc...

*
* *

A cela, rien à dire, rien à faire : il y a un *heurt cérébral*, une fin de non-recevoir intellectuel ; j'appelle cela « la case fermée » ; les phénomènes les plus prouvés, les mieux établis n'y peuvent pas entrer.

*
* *

Il y a quelque temps, les *Annales de l'Institut Pasteur*, dans le tome X, page 511 (1), relataient un long article du docteur Hankine, directeur du laboratoire de la mission d'Agra, dans les Indes Anglaises.

Rien n'est curieux, comme ce mémoire du savant anglais. Il traite des propriétés spécifiques de l'eau du Gange et d'un de ses principaux affluents. la Jumna.

(1) *L'Action bactéricide des Eaux de la Jumna et du Gange sur le microbe du choléra*, par le docteur Hankine.

* *
*

Nous résumons ici le fait, tel qu'il est rapporté avec de longs détails par le docteur Hankine :

* *
*

Frappé de voir indemnes d'innombrables indigènes qui se baignaient dans ces eaux ou qui en buvaient, alors que des cadavres de cholériques y étaient souvent jetés, l'observateur du laboratoire d'Agra voulut vérifier la cause d'une telle innocuité.

Il raconte comment il disputa aux tortues dont le fleuve est peuplé, des proies cholériques et explique les expériences auxquelles il se livra pour constater les vertus antiseptiques des eaux du Gange et de la Jumna.

***

Il vit alors que les lambeaux de chair cholériques perdaient tout pouvoir infectant après un certain temps — de 15 à 20 heures — de séjour dans l'eau.

Il essaya de faire ses cultures des bacilles du choléra avec cette eau : sa surprise fut grande quand il vit tous les bâtonnets périr en moins de 24 heures. Il cultiva d'autres microbes qui moururent aussi.

***

Fait particulier et plus extraordinaire encore! La même eau perdait sa qualité destructrice des microbes, quand on l'avait chauffée au-delà de 60° à 80°. Parvenue à 100° et surtout à 120°, elle devenait un remarquable bouillon de culture, quand elle était refroidie et laissée à l'air libre.

Tous les essais reproduits avec l'exactitude des méthodes pastoriennes familières au docteur Hankine, qui est un ancien élève de l'Institut Pasteur, donnèrent les mêmes résultats. Il n'y avait pas de doute possible pour lui ; les *Eaux du Gange stérilisent les microbes les plus virulents*; et elles perdent cette propriété par la stérilisation et la chaleur.

***

C'est la conclusion du professeur anglais ; c'est le fait brutal qui s'impose à son observation, et qu'il ne peut nier.

Il le livre à la Science, tel qu'il le voit. Il ne cherche pas d'explication, et ne fait que signaler la chose, tout en disant : je comprends maintenant pourquoi les Indiens considèrent ces eaux comme sacrées, et qu'ils accourent de très loin pour se purifier de leurs maladies dans ce fleuve extraordinaire.

*
* *

Allons-nous dire que le docteur Hankine soit un fanatique qui veut nous imposer une croyance ?

Allons-nous nier les faits qu'il énonce ?

Allons-nous dire qu'il ait été séduit par des imposteurs? Qu'il ait subi une suggestion spéciale ? Que la superstition populaire de l'Inde ait fait un adepte de plus ?...

*
* *

Nous le pourrions assurément; mais si le récit qu'il nous fait est corroboré par d'autres savants, si d'autres observateurs confirment le même fait, si des milliers de gens deviennent des témoins, nous nous inclinerons, et nous ne fermerons pas « *la case cérébrale* », de parti pris, de peur de nous trouver en présence d'une particularité que nous ne comprenons pas.

Nous constaterons qu'il y a là un phénomène très spécial dont la cause est en dehors des lois ordinaires ; la stérilisation de l'eau par le chauffage à 120° est une loi pastorienne connue, admise par nous, prouvée par l'expérience quotidienne.

Comment l'eau de Gange échappe-t-elle à cette loi ?...

Comment tue-t-elle, avant d'être portée à 120°, les microbes les plus virulents ?

Comment, au contraire, se contamine-t-elle par ces mêmes microbes, après son ébullition ?... *That is the question*, dit le savant anglais.

Et comme lui, nous laissons entière la question.

Que les Indous voient là une manifestation divine, qu'ils y attachent une vertu magnétique due à des influences mystérieuses des *Maîtres* qui vivent dans les *Himalaya*, d'où sortent les sources du Gange ; nous pouvons laisser vivre leur foi ; nous n'avons qu'à *respecter* leurs traditions, ou à constater les raisons de leur croyance.

*
* *

Le fait paraît être vrai ; de nombreux personnages dignes d'être écoutés et d'être crus l'attestent, comme une chose vue, expérimentée, contrôlée.

Qui sera le fanatique et l'obstiné, de celui qui, seul, n'ayant rien contrôlé, soutiendra qu'il ne veut rien admettre ou de celui qui, ayant étudié, lu attentivement, compulsé tous les documents, inclinera sa pensée propre devant les témoignages d'autrui et accueillera la notion nouvelle, comme une connaissance acquise?

L'Histoire n'est-elle pas tout entière basée sur les faits que d'autres ont vus ?

Si nous ne croyons strictement que les choses que nous voyons de nos yeux du corps, nous fermerons bientôt notre cerveau à l'immense majorité des faits que nous classons dans notre mémoire ; nous ne tiendrons plus aucun compte des relations qui nous sont données par les journaux, par les lettres de nos parents et amis, par les documents de nos bibliothèques, par les révélations des hommes d'une époque antérieure à la nôtre. Nous nous boucherons ; comme une bouteille vide, prête à flotter sur la vague, nous serons destinés à être poussés à la dérive, jusqu'à ce que nous nous brisions contre le roc que sera devenue notre cervelle.

* *
*

L'esprit de l'Homme est naturellement ouvert ; il est large ; il peut admettre tout ce qui n'est pas l'absurde ni le contraire de la raison, de la justice, de l'équité.

* *
*

Qu'on vienne nous dire qu'en se manifestant, la Vierge de Lourdes ait commandé à la foule de se prosterner devant le Veau d'or, au lieu d'invoquer le Dieu vivant, seule puissance capable de vivifier les malades ; qu'on soutienne qu'elle ait convié les peuples à d'ignobles cavalcades ou des noces dégradantes; qu'on affirme qu'elle ait dit aux enfants d'insulter leurs parents et de déshonorer leurs familles; qu'on proclame que, loin de reconnaître la loi des harmonies hiérarchiques, qui veut que le riche soutienne le pauvre et que le pauvre supporte sa situation avec calme et dignité, l'apparition de Lourdes ait crié : « Mort aux riches ! pauvres, révoltez-vous ! » Nul ne pourra croire que de telles absurdités soient venues d'En-Haut.

L'anarchie ne vient pas du *Haut* : elle sort du *Bas*.

Ceux qui s'en servent de temps à autre, quand ils en ont besoin, savent bien qu'ils ne doivent pas la chercher dans les églises, ni dans les assemblées de chrétiens, mais dans les bouges et les gouffres où règne la désespérance.

Ils ne s'y trompent point.

*
* *

A Lourdes, toute caste, toute classe de citoyens s'efface ; il n'y a plus qu'une catégorie d'hommes et de femmes. Souvent, on oublie qu'il y a des hommes et des femmes ; il semble presque n'y avoir que des *âmes* ; les sexes s'effacent avec une sorte de candeur naïve que je n'ai remarquée que là ; ou bien dans certains monastères de femmes, où les moniales sont des sœurs devant leurs frères, de vraies enfants de même père et de même mère.

*
* *

Je communiquais cette remarque à ma femme qui avait fait la même observation et me disait combien cela se voyait mieux encore à l'hôpital, où elle avait pris rang parmi les *servantes des malades*.

Avec elle, beaucoup de femmes du monde allaient, venaient, servaient les pélerins de toute provenance, au milieu des hommes, brancardiers ou servants volontaires, chacun se dépensant, suant, s'adonnant à sa besogne et cherchant à se rendre utile.

« — Une société, disions-nous, qui serait basée sur les principes pratiqués à Lourdes serait véritablement l'idéal. »

— Ce serait trop beau et irréalisable. Il n'y a pas que des abeilles dans les champs et les prés, il y a les frelons ; il n'y a pas que des agneaux, mais des loups.

Ici, le loup ne se montre guère et l'agneau peut se désaltérer à la source pure tout à son aise. Il n'y manque point : de là, sa joie.

J'oublie que j'étais resté au bureau des Constatations médicales à m'entretenir avec

le docteur Duvergey et M. Féron-Vrau, très
émotionné en revoyant une femme qui avait
été guérie, il y a deux ans.

*
* *

D'ailleurs, les vitrines sont pleines des pho-
tographies de ceux et celles qui ont ici recou-
vré la santé.

— Et tous ceux qui ne sont pas guéris ?
disais-je.

— Examinez-les, répondit M. Féron-Vrau ;
interrogez-les vous-même, vous verrez. Ils
s'en vont, point en désespérés, mais en. rési-
gnés, en consolés, en réjouis même des guérisons des autres.

— Ce miracle-là, pour moi, ajoutait-il, en
vaut bien un autre !

*
* *

C'est vrai. J'ai pu constater et faire cons-

tater la chose par un confrère de Paris, sur-
venu pendant cette conversation.

Une pauvre femme avait vu se lever devant
elle un homme de cinquante ans, paraplé-
gique : elle priait pour elle, mais pleurait de
la joie de l'autre.

*
* *

Tout à coup, des chants s'approchent : des
voix d'hommes bien sonores font entendre les
airs graves de la liturgie latine ; tout le
monde répond, et il y a une vraie grandeur
qui se dégage de cette foule devenue peu à peu
houleuse, mais toujours respectueuse et dis-
crète, obéissant aux injonctions qui sont faites
par les ordonnateurs de ces pompes religieuses.

*
* *

Un circuit d'environ cent mètres de diamètre permet à chaque malade conduit dans une petite voiture d'occuper le premier rang du parcours de la procession qui avance.

Un évêque, celui de Nancy, je crois, est sous un dais que soutiennent quatre solides gaillards : il porte un ostensoir qu'il pose doucement sur la tête de chaque malade qui le demande.

*
* *

C'est un spectacle émouvant, et l'on voit bien des larmes couler sur les figures des assistants. La majorité chante des refrains liturgiques connus et nulle voix discordante ne trouble ces harmonies familières que chacun a plus ou moins entendues et chantées à l'école

ou au collège. Quand le chant cesse, des invo-
cations pressantes sont jetées dans les airs
par un prêtre dont la voix retentit tout à
coup puissante et claire :

« Vierge de Lourdes, écoutez-nous ! »
Et toute la foule de six mille personnes, de
vingt mille quelquefois, répète :
« Vierge de Lourdes, écoutez-nous ! »
Et la voix reprend :
« Vierge de Lourdes, guérissez nos ma-
lades ! »
La foule répond :
« Vierge de Lourdes, guérissez nos ma-
lades ! »
Ou encore :
« Jésus, fils de David, exaucez-nous ! »
Ou encore :
« Jésus, fils du Dieu vivant, guérissez-
nous ! »
Toujours les prières deviennent plus vi-

brantes : on sent que l'enthousiasme monte comme la mer... Par instant, c'est une sorte de cri prolongé jaillissant de toutes ces poitrines angoissées.

*
* *

Il y a évidemment dans cette gradation de la foi publique une puissance nerveuse qui se dégage ; une tension spéciale saisit les assistants ; et chacun attend l'évènement d'où va jaillir la gloire divine.... Deux fois, le 28 août 1904, l'événement se produisit : une jeune fille de Nancy, Jeanne Auber, se trouva guérie d'une tumeur blanche du pied droit avec cicatrisation subite de la plaie ; une autre femme des environs de Nancy fut guérie d'un rhumatisme déformant avec souffle mitral cardiaque. Les deux guérisons ont été relatées de la façon suivante dans les Annales :

1° *Mlle Jeanne Auber*, de *Nancy*, âgée de

16 ans, avait fait un premier séjour à l'hôpital de cette ville, en mai 1902, où on la traita pour une *affection tuberculeuse du gros orteil.* On pratiqua d'abord un curettage et, quelques semaines après, l'amputation de la première phalange. Au bout de six mois, Jeanne Auber rentra chez elle, où elle resta plusieurs mois ; mais elle dut revenir à l'hôpital, qu'elle quitta, au bout d'un mois, paraissant guérie, bien qu'il lui fût impossible de marcher. Elle y revint une troisième fois, le 5 août 1904, et subit un nouveau curettage.

A son arrivée ici, la plaie résultant de cette opération suppurait encore, la marche était impossible sans deux béquilles. En sortant de la piscine dans l'après-midi du dimanche 28 août 1904, la jeune fille a laissé ses béquilles et, depuis lors, sa marche a été normale. On a constaté aussi que la plaie ne suppurait presque plus.

2° *Sœur Marie-Philomène Barthoulot,* de

la Compassion de Marie, de *Belle-Herbe*
(Doubs), âgée de 54 ans, souffrait, depuis
dix-huit ans, de *rhumatisme déformant*, qui
l'avait forcée plusieurs fois à s'aliter et à in-
terrompre son service de garde-malade. Cet
état s'était compliqué, depuis deux mois, d'un
œdème des membres inférieurs attribué à
une maladie du cœur.

A son arrivée à Lourdes, la sœur souffrait
beaucoup, ne marchait qu'à grand'peine, sou-
tenue par deux personnes, et il fallait la conduire à la grotte dans une petite voiture.

En sortant de la piscine, le samedi 27 août
1904, les douleurs ont commencé à diminuer,
ainsi que l'enflure des jambes. Depuis ce moment, les progrès ont été constants. A
Lourdes, la sœur marchait seule et souffrait
de moins en moins ; les gonflements articu-
laires diminuent. Le cœur paraissait normal.

3° *M. Auguste Legay*, de *Saint-Nicolas*

du Port (Meurthe-et-Moselle), âgé de 45
ans, était atteint, depuis deux ans, dit son
certificat médical, de *rhumatisme* occupant
alternativement les muscles, les articulations
et les organes abdominaux, et le rendant
incapable de se livrer à aucun travail.

Depuis le début de l'affection, ce malade
marchait péniblement avec une canne ; tous
les traitements employés étaient restés sans
résultat durable. Les fonctions de l'estomac
s'étaient altérées, et le malade s'alimentait
très peu.

C'est dans cet état qu'il est arrivé à Lourdes,
le vendredi 26 août 1904. Au second *bain de
piscine,* le samedi 27 août, un léger mieux
s'est manifesté, et le lendemain dimanche 28,
après la troisième immersion, *dans l'eau de la
Source*, M. Legay a marché, n'accusant plus
aucune douleur.

Voici, d'autre part, une guérison de 1901

enregistrée et confirmée cette année, seulement :

Sœur Jérôme, religieuse du Saint-Sacrement, *d'Amélie-les-Bains*, âgée de 55 ans, atteinte de *tumeurs fibreuses accompagnées de violentes hémorrhagies et de douleurs aiguës*, est arrivée à Lourdes à la fin du mois d'août 1901, peu de jours après avoir fait constater sa maladie par un médecin d'Amélie-les-Bains. Cette religieuse était alors réduite à un état d'anémie et de faiblesse, qui lui permettait à peine de faire quelques pas. Elle commença dès son arrivée une neuvaine de bains, et constata alors qu'à chaque immersion, les douleurs et les autres symptômes de sa maladie augmentaient de plus en plus.

Il en fut ainsi jusqu'au neuvième jour; mais, après le dernier bain, *tout a cessé brusquement*, et, peu de temps après, Sœur Jérôme a repris sa classe et n'a pas discontinué de mener une vie active, sans éprouver le moindre malaise.

Elle est revenue à Lourdes, cette année, faire une nouvelle neuvaine de bains en action de grâces, et nous a porté un certificat de son médecin, déclarant qu'elle souffrait, en août 1901, de corps fibreux et de complications graves, qu'une opération avait été jugée indispensable, que Sœur Jérôme s'était rendue à Lourdes à la fin du mois d'août 1901, que, depuis cette époque, tous les symptômes qui mettaient en danger la vie de la malade avaient complètement disparu ; enfin que les corps fibreux eux-mêmes étaient réduits de plus des trois quarts et ne constituaient qu'une induration minime.

Evidemment, nous avons tous vu des corps fibreux diminuer *progressivement*, par une sorte d'atrophie des éléments qui les constituent. L'électricité, les injections, les médications opothérapiques, les eaux minérales arrivent *lentement* à ces résultats. Mais ce qui est frappant dans ce dernier cas, c'est encore le côté *instantané* du phénomène.

C'est dans cette instantanéité que se trouve la marque d'une intervention *occulte* que nous ne pouvons pas trouver naturelle.

Les *nerfs vaso-moteurs* qui président à la nutrition des tumeurs peuvent exercer un *pouvoir constricteur* sur les vaisseaux qui apportent le sang ; et c'est là presque sûrement le fait qui se déroule dans le *mécanisme des guérisons*. Mais, où je vois manifestement le prodige, c'est que ce *mécanisme soit obtenu de cette façon* : il n'y a pas relation de cause connue à effet connu.

En thérapeutique, nous n'observons jamais ce phénomène qui, dans sa brusquerie, peut être comparé à la fermeture d'un robinet, à un pincement d'artère... et de plus, cette action est continue après avoir été brusque. C'est là ce qui constitue pour moi un second phénomène.

Qu'un chirurgien lie un vaisseau sanguin et arrête ainsi une hémorrhagie rebelle, cela se voit tous les jours ; mais qu'il supprime cette hémorrhagie par une douche froide, je ne comprends plus, la douche n'ayant pas cet effet habituel.

Qu'aujourd'hui, nous obtenions une nouvelle de Newhaven à Dieppe par le télégraphe sans fil, rien d'extraordinaire, puisqu'il y a deux postes en communication,

Mais, qu'au même moment, je sois averti

du même événement par un homme que je ne connais pas et qui me transmet une lettre, on conviendra aisément qu'il y ait prodige.

Pourquoi ?

Parce qu'il n'y a pas de relation de la cause à l'effet.

J'aurai le devoir de me dire : Qui est cet homme ? — Comment me connaît-il ? — Comment sait-il que cet événement m'intéresse ? — Où a-t-il su où il devait me trouver ?

Si cet homme a disparu, s'est évanoui, que conclurai-je ? *Qu'il y a eu intervention spéciale.*

Dans notre longue amitié, Apostoli, Branly et moi, nous avons eu l'occasion de porter nos conversations sur les sujets passionnants des applications de l'électricité aux maladies de la nutrition, comme le cancer, la tuberculose, les tumeurs fibreuses, les affections de la peau.

On sait qu'avec **Tripier**, **Apostoli**, **Branly**, **Foveau de Courmelles** et **Baraduc**, l'Ecole française d'électro-thérapie tient le record de cette science dont les résultats sont remarquables ; mais on sait aussi combien il y a de mécomptes, de victimes des rayons X, de rechutes après quelques améliorations signalées comme guérisons.

Dans notre enthousiasme, nous ne cherchions point à méconnaître les réels progrès accomplis, et nous escomptions souvent même les espérances de l'avenir ; mais nous nous trouvions d'accord pour ne pas conclure à l'omnipotence de notre Science, en face des mystères qui nous environnent de toute part et qui forcent notre Raison à reconnaître des Puissances et des Lois Suprêmes.

C'est après la procession que se présentè-
rent les malades guéris, au bureau médical
qui avait pris l'observation préalable.

Je me suis rendu compte de la façon très
scrupuleuse dont le docteur Boissarie et son
principal collégue, le docteur Cox, prennent
leurs observations.

Ils commencent habituellement l'interroga-
toire du malade en demandant les attestations
des confrères qui ont pu les soigner antérieu-
rement.

Nous avons autrefois ouï dans nos hôpi-
taux des maîtres procéder à ces interrogatoires
par des aménités comme celles-ci :

— Quel est l'âne qui vous a dit que vous aviez une pleurésie ?

— Quel est l'imbécile qui vous a trouvé une maladie de foie ? vous n'avez rien de cela.

Il fut un temps où ces expressions étaient familières à certains chefs. Elles le sont moins aujourd'hui, la plupart ayant remarqué que les appels en consultation avaient souffert de ces incartades indignes du caractère médical.

*
* *

A Lourdes, je n'ai rien entendu de semblable dans la bouche de nos confrères.

Nous avons pu relever certaines erreurs de diagnostic en souriant entre nous, après le départ des malades qui nous présentaient des certificats plus ou moins fantaisistes ; mais, pas un mot défavorable n'a été dit devant la personne examinée.

La plus grande circonspection et une parfaite discrétion, voilà les qualités maîtresses que j'ai pu relever ici.

Je n'ai vu aucune pose, aucune mise en scène, aucun *bluff* d'aucun genre.

*
* *

Je dirais volontiers que je suis reconnaissant à l'égard de mes confrères les médecins d'avoir trouvé la *note juste*.

Le « quod decet » en matière médicale, n'est pas toujours facile à mettre en pratique, surtout quand il s'agit de faits à interprétation très nouvelle comme la plupart de ceux qui se présentent à Lourdes. Il fallait un doigté exceptionnel pour être *correct* en tout point.

Les médecins préposés aux constatations sont à la hauteur de leur mission : ils sont plutôt sévères à admettre le supra-naturel et laissent volontiers de côté ce qui relève du nervosisme intégral ou de la suggestion pure.

*
* *

Mon confrère et ami le docteur Bérillon avait, paraît-il, passé quelques jours avant moi à Lourdes : il avait manifesté hautement son étonnement de voir la simplicité de ces constatations : il avait déclaré que ce genre de cures en valait bien d'autres et proclamé la nécessité de laisser les gens se guérir, comme ils l'entendaient.

Pour moi qui connais, depuis vingt ans, l'antagonisme militant de ce confrère, j'avoue que j'ai été plutôt heureux de sa bonne tenue et de sa déférence pour les croyances que je respecte : il y a quelque mérite, aujourd'hui à manifester une opinion non hostile à ces grandioses démonstrations.

Nous laissons d'ailleurs parler ici le *Journal de Lourdes* :

M. le Dr *Bérillon et M. l'abbé Bertrin au « Bureau des Constatations médicales »*

« Nous avons dit, dans notre numéro du 28 août, que les séances du *Bureau des constatations* avaient, pendant le pélerinage national dernier, emprunté un tout particulier intérêt à la présence de M. le docteur Bérillon, directeur de la *Revue de l'Hypnotisme*, et de M. l'abbé Bertrin, professeur à l'Université catholique de Paris.

*
* *

« Chaque jour, en effet, avait lieu entre les deux doctes professeurs une discussion des plus intéressantes et des plus courtoises.

« Aux détails déjà donnés par nous, dimanche, sur ces joûtes instructives, nous croyonsdevoir ajouter aujourd'hui, la reproduction très, fidèle de l'une de ces discussions.

*
* *

« Ainsi que nous l'avons dit, M. le Dr Bérillon avait reconnu que tout se passe ici avec une absolue bonne foi, que la mise en scène manque absolument et qu'on n'y aide pas du tout les choses. Il avait reconnu encore la supériorité infinie des résultats obtenus à Lourdes sur ceux que peut obtenir l'hypnose. Cependant, il ne cessait de nous vanter l'hypnotisme et ses mervielleux résultats.

« A un moment donné, un médecin militaire, qui se trouvait parmi les assistants, vint à parler du paludisme. M. le Dr Bérillon crut pouvoir affirmer que la suggestion serait apte à guérir ceux qui en étaient atteints.

« — Eh bien ! lui dit alors M. l'abbé Bertrin, vous avez une occasion excellente de prouver votre théorie en France, du côté de Rochefort, dont la région est très éprouvée par ces fièvres. Je ne vous propose pas d'y aller vous-même ; mais envoyez-y du moins cinq ou six de vos élèves ; qu'ils suggestionnent tout le pays, et s'ils arrêtent ainsi l'épidémie permanente qui y règne, ils auront rendu un

grand service à l'humanité et aussi à la *Revue de l'Hypnotisme.*

« — C'est une plaisanterie, Monsieur l'abbé,
répliqua le Dr Bérillon ; vous savez bien que
nous ne pouvons opérer que sur des *sujets
choisis*. Mais vous choisissez aussi les sujets,
ici.

« — Docteur, vous allez voir comment.
Quand le pélerinage national a dû quitter Paris
ces jours derniers, il manquait neuf malades à
l'appel, de ceux qu'on avait admis. Ces neuf
malades étaient morts. Si donc on choisit,
on choisit bien mal. En réalité, *il n'y a aucun
choix, ni pour les maladies, ni pour les malades.*

« — Eh bien, vous avez tort; vous devriez
choisir, vous auriez alors plus de guérisons

« — Docteur, ce ne serait pas user de bonne
foi envers le public. Et puis, si nous agissons
autrement que vous, c'est que nous n'avons
pas du tout les mêmes moyens de guérir.

7

« — Alors vous devez aboutir à ce résultat que Lourdes aura tué plus de malades qu'il n'en aura guéri.

« — Vous allez le voir, docteur. Sur dix mille malades du pélerinage national qui sont venu ici en 10 ans, et qui ont séjourné 30 jours (trois jours par an), nous avons enregistré 20 décès. C'est une moyenne inférieure à celle de n'importe quel hôpital, et il faut pourtant tenir compte des fatigues d'un long voyage.

« Visiblement embarrassé, M. le Dr Bérillon se risqua alors à dire que *les voyages ne nuisent pas aux malades*, ce qui amena la protestation de la plupart de ses confrères.

« Et comme il revenait sur le pouvoir thérapeutique de la suggestion, M. l'abbé Bertrin lui dit :

« — Vous savez bien que ce pouvoir est assez limité. Permettez-moi de vous citer le plus grand suggestionneur du monde, le chef de l'école de Nancy, bien plus avancé sur ce point, vous le savez mieux que moi, que l'école de la Salpétrière, dont Charcot fut l'organe, Bernheim, qui est, un des rédacteurs, je crois, de votre revue. Comme je désire que l'on puisse vérifier la citation, j'indique de mémoire la référence dont je suis sûr. C'est dans l'ouvrage intitulé *Hypnotisme, Suggestion et Psychothérapie*, page 209. Bernheim écrit là :

« *La suggestion ne tue pas les microbes, elle ne crétifie pas les tubercules, elle ne cicatrise pas l'ulcère rond de l'estomac* ». Et, plus loin, page 233, l'auteur ajoute que la suggestion ne peut agir que sur les troubles fonctionnels, qu'elle ne peut rien sur l'évolution *organique* des maladies.

*
* *

« Voilà qui est clair ! De l'aveu du partisan le plus déterminé de la sugestion, celle-ci ne peut rien sur les lésions. En particulier, d'après lui, elle est absolument incapable de cicatriser l'ulcère rond de l'estomac. Or, la jeune religieuse qui était dans le bureau, il y a un instant, avait un ulcère rond de l'estomac, elle vomissait le sang depuis huit mois. Et hier l'ulcère a été cicatrisé d'une *manière instantanée,* et la malade guérie, si bien qu'elle mange avec appétit et supporte toute espèce d'aliments.

« C'est comme cette plaie qui a été fermée ici subitement et qui avait trente centimètres. Connaissez-vous, docteur, quelque agent naturel, soit physique soit moral. qui puisse obtenir de pareils résultats ? Je vous prie de nous le dire en toute sincérité.

« — Eh bien, non, je n'en connais pas !

« — Docteur, — dit en terminant M. l'abbé Bertrin, — c'est ce qu'il m'importait de savoir. Vous ne connaissez pas de causes naturelles à certains faits qu'on ne peut mettre en doute, et cependant il faut qu'il y ait une cause... Concluons... »

*
* *

Les hommes qui ont faussé la République en proscrivant leurs adversaires et en faisant du césarisme, auront-ils le cœur assez haut pour laisser libres les chrétiens, quand on leur dira de clore ces séances solennelles où, certes, l'on n'a pas le temps de faire de la politique ?...

Espérons-le.

*
* *

Mais si la politique est loin de ceux qui prient et voient plus loin que le présent, l'amour du semblable vit en eux et c'est plaisir que de voir après les processions, chaque brancardier reconduire son malade à son logement où il ira le reprendre demain pour le plonger dans l'eau des piscines, le transporter à d'autres processions ou à la grotte.

Tous ici se sacrifient aux malades : tout est pour eux.

Nous n'avons pas à leur en vouloir, nous, médecins : ils ne prennent que ceux pour qui nous ne pouvons plus rien...

*
* *

J'avais prié le docteur Boissarie de donner à ma femme un mot, pour que, pendant ces quelques jours qu'elle passait à Lourdes, elle pût s'initier à un rôle quelconque.

Il le fit gracieusement et nous fûmes à l'hôpital, de N.-D.-des-Douleurs. Ce monument sera très beau, quand il sera complètement terminé. Tel qu'il est, il peut déjà rendre de grands services à ceux qui y passent.

Ce sont tous les pauvres, infirmes.

*
* *

Ma femme n'y a fait qu'un service de deux jours : elle n'a fait que goûter, dit-elle, à la joie de se sentir moins inutile que dans le monde où l'on se promène, s'habille et babille.

J'espère qu'elle racontera un jour elle-même pourquoi elle veut venir reprendre ce service, sitôt qu'elle le pourra.

Comme moi, elle avait été mal impressionnée en traversant la ville ; comme moi, elle a été ramenée à des idées meilleures, à une appréciation, à une connaissance plus approfondie et plus mûre, à la vue de ce monde de pélerins si différent de celui que je croyais rencontrer d'abord.

*
* *

Au moment où nous allions entrer à l'hôpital, Mgr Turinaz en sortait et nous lui présentâmes nos hommages.

Le lendemain était le dimanche 28 août 1904. Dès six heures et demie ma femme était rendue à l'hôpital, au service des petits déjeuners. Elle ne fut libre qu'à neuf heures.

Pendant toute cette journée, des trains arrivaient, amenant de nouveaux voyageurs de la Belgique et du nord de la France.

Quel mouvement! et cependant quel calme, quelle tranquillité dans tout ce monde obéissant à la même pensée!

Le lundi, je restai seul, ma femme et mon fils ayant été rappelés par un télégramme, à Paris.

Ce fut une des journées les plus curieuses de ma vie.

Je rencontrais plusieurs confrères médecins aussi intéressés et aussi surpris que moi-même de ce qu'ils voyaient partout.

*
* *

L'après-midi, je restais pendant plusieurs heures à la grotte, assis dans un angle, à contempler le défilé international de tous ces pélerins qui devaient s'en aller.

J'y vis longtemps la jeune fille de Nancy guérie, agenouillée à côté de moi.

J'entendis aussi un admirable discours du vigoureux évêque de Nancy.

*
* *

Je fus agréablement émotionné par la parole vibrante de cet orateur prononçant une enthousiaste apologie de la France chrétienne et généreuse, en face du sectarisme étroit et mesquin.

*
* *

« Dix évêques comme celui-là, me disais-je, et nous sortirions de l'oppression maçonne et juive qui nous étreint ! »

*
* *

J'eus un moment le sentiment que l'ère des révolutions sanglantes n'était point finie.

*
* *

Je n'ai rien dit des soirées si pittoresques de là-bas : les mille lumières de ces petits cierges armés contre le vent, les chants, les va-et-vient dans la montagne où l'on voit grimper de longues processions, tout cela mériterait une description détaillée.

C'est vraiment bien.

*
* *

Rien ne rappelle même de loin ce qu'on est habitué de voir ailleurs : que ce soit en Bretagne, que ce soit en Flandre, au midi ou au centre, les pardons, les pélerinages, sont des occasions de faire la fête.

On commence par honorer le Bon Dieu, le matin ; mais c'est le Diable qui profite du soir.

Je m'attendais bien un peu à cela à Lourdes. Je fus agréablement déçu.

*
* *

Je parcourus les groupes les plus divers, et les plus nombreux, je revins vers les coins les plus obscurs, vers la Grotte, dans l'épaisseur des fourrés, je ne pus recueillir d'autres murmures que celui des prières, d'autres chants que ceux des cantiques : Si le jour est à la Vierge, la nuit lui appartient aussi.

On se demande d'ailleurs, s'il y a une vraie nuit dans ces moments de pélerinage.

*
* *

Quand je quittais l'hôtel pour prendre le train de cinq heures du matin, le mardi, il était quatre heures et demie. Déjà les rues étaient pleines de monde qui se dirigeait vers les chapelles ; les messes commençaient dès minuit.

Je disais, en commençant mon récit de ces trois jours à Lourdes, qu'il y avait trente ans que je n'y étais allé.

Je finis en disant franchement que je le regrette, et en me promettant d'y revenir l'an prochain.

IV. — Ce que nous voudrions voir
à Lourdes.

Maurice RAYNAUD.

Dans la magnifique vallée où s'élève la basilique de Lourdes, sont venus déjà du monde entier plusieurs millions de voyageurs : il en vient tous les jours.

Il faut compter que toute l'année, même durant l'hiver, la Grotte n'est point sans fidèles qui viennent y prier.

Cette ville est donc devenue un lieu de rendez-vous général de tous les chrétiens qui invoquent la Mère du Christ.

Il y manque quelque chose d'essentiel.

*
* *

Nous voudrions voir, sur la rive droite du Gave, à l'endroit même où se dressent des pensionnats de jeunes filles, un vaste monument hospitalier où seraient accueillis les malheureux qui, n'ayant pas obtenu leur guérison, voudraient séjourner plus longtemps ou se reposer de leur voyage.

Pour beaucoup d'entr'eux, ce serait une suprême consolation de vivre leurs derniers jours, dans une sorte d'antichambre du Paradis qu'ils espèrent.

*
* *

Je n'ai point à faire la critique de l'emploi de l'argent qui afflue dans les sanctuaires de la piété chrétienne ; ceux qui le reçoivent et en disposent, sont évidemment libres de l'affecter à des constructions et à des œuvres d'art ; nous parlons ici en médecin, et comme tel, nous envisageons les choses à un point de vue spécial.

Nous savons bien que nombre de gens trouvent notre point de vue intéressant mais non capital : la vie matérielle, pour la plupart de ceux qui croient, ne souffre pas de comparaison avec la vie morale, moins encore avec la vie future. La foi, chez quelques-uns, nuirait volontiers à la charité ; et le pauvre qui souffre apparaîtrait facilement comme un élu futur : on est moins tenté de le plaindre et de l'accueillir ; on ferait presque bon marché de sa souffrance et de ses infirmités physiques.

Notre rôle de médecin est tout autre.

Il consiste *à faire l'effort pour guérir souvent et soulager toujours.*

C'est à l'accomplissement de cette mission que nous sommes voués par notre caractère, j'allais dire par *notre diplôme*.

Ce *diplôme* de docteur en médecine doit être considéré comme conférant à celui qui le reçoit une sorte de fonction *professorale, doctrinale*.

C'est à nous qu'il incombe d'instruire les hommes de leurs rapports sociaux, de leurs devoirs matériels à l'égard du voisin, du prochain.

Tout ce qui concerne le *manger*, le *boire*, le *dormir*, le *travailler*, l'*acquit*, la *dépense* du corps regarde le médecin, et concerne sa mission.

L'hôpital avoisinant l'église ou le monastère a été et sera toujours le meilleur emblème de la vérité humaine et divine.

Le médecin et le prêtre sont et doivent être des frères, en humanité.

*
* *

C'est par la plus déplorable des erreurs que s'est faite entre ces deux hommes une *scission* : ils se sont placés souvent en antagonistes et en *frères* ennemis, l'un en face de l'autre, depuis cinquante ans, pour le malheur des pauvres, pour le grand dommage de la Religion et de la Science.

Le peuple simpliste conclut que « Science et Religion » sont incompatibles et chacun se nuit à soi-même, en s'isolant.

*
* *

Le curé et le médecin, dans une commune, représentent évidemment les deux plus fortes têtes, étant les seuls qui aient été obligés d'étudier pour arriver, l'un à la prêtrise, l'autre au doctorat. Ils sont puissants, l'un et l'autre.

En joignant leurs efforts, ils peuvent faire un bien immense au milieu des populations rurales, aujourd'hui sollicitées par les cabarets à l'alcoolisme, par les journaux à l'irréligion et à l'envie des castes, en attendant la jacquerie.

*
* *

Je sais bien qu'il faut que chacun reste dans son rôle et garde son rang ; que l'un sache que « son royaume n'est point (tout à fait) de ce monde », que l'autre de son côté, comprenne qu'il ne peut pas sans grave inconvénient, affecter le dédain des choses religieuses et montrer que tout ce qui n'est pas le corps *n'existe pas*.

Il y a un respect qu'il accorde au château ; n'est-il point sensé qu'il en professe autant pour l'église ?

Le curé, le châtelain, le médecin, voilà trois unités importantes posées par notre état social *actuel*, en face l'une de l'autre : qu'elles s'entendent, et le sort de *la masse* s'en trouvera infiniment meilleur.

*
* *

Rien d'utile ne sort de la haine.
Tout est bien qui vient de l'amour.

*
* *

Nous pouvons faire cette remarque, quand nous jetons les yeux autour de nous.

Je connais des petits coins délicieux où les gens vivent heureux comme en un petit Eden terrestre. Nul n'y connait la misère, ni la faim : quand la maladie frappe, le médecin est averti ; il voit ce qui manque autour du malade : il donne ou dit au curé ; le curé va trouver le châtelain, quand il ne peut lui-même faire le nécessaire. Chacun comprend le devoir ; l'entente est générale et la vie s'écoule, sans heurt, ni combat.

*
* *

J'en reviens à ma pensée de l'Hôpital-Asile en face de la grotte.

On s'occupe — et l'on a raison — de l'hôpital de Lourdes qui est situé dans l'intérieur de la ville, sous le nom de Notre-Dame-des-Sept-Douleurs. C'est le rendez-vous et le refuge naturel de tous les pélerins qui ne peuvent circuler.

Il est très bien pour l'usage actuel et j'espère bien le voir s'achever tel qu'il s'annonce, monumental et confortable.

*
* *

Celui que je voudrais voir sur l'autre rive du Gave, ne serait pas la même chose.

Il serait *moins le pied-à-terre de trois jours*, qu'est Notre-Dame-des-Sept-Douleurs. Il serait un lieu de séjour, de repos plus prolongé ; il logerait aussi bien le malade de Paris, qui voudrait trouver là un gîte, que celui de Bayonne ou de Bordeaux, celui du village des Landes, comme celui du hameau des Flandres.

Cette hospitalisation pourrait même n'être pas gratuite et serait analogue à celle des asiles tenus par les Frères Saint-Jean-de-Dieu, ou les Frères-Camilliens, hospitaliers de Lille.

Nous croyons qu'un établissement comme celui-là, serait le digne couronnement de la grande œuvre qui se poursuit à Lourdes, œuvre de réconciliation entre le Ciel et la Terre, œuvre d'association entre les hommes de bonne volonté.

*
* *

Le Moyen-Age avait peut-être mieux compris que notre époque, les protections qu'il assurait aux cathédrales, quand il construisait sous leurs grands et imposants ombrages, les vastes Hôtels-Dieu de Paris, de Nantes, de Chartres, de Nevers et tant d'autres.

La politique des Etats peut entraîner le peuple, peut violer les monuments dont le but est la prière ; quand la prière devient une sorte de surérogation, une chose à laquelle elle peut échapper ou dont elle ne voit plus la nécessité, la foule peut ne pas respecter ceux qui ont bâti une basilique : elle respectera ceux qui ont construit un hôpital, et celui-ci protégera celle-là.

*
* *

J'estime que si, devant nos proscripteurs modernes, on avait pu dresser un hospice,

un asile, un hôpital, soutenu et entretenu
par chaque congrégation, chaque monastère,
chaque belle chapelle, force eût été pour eux
de laisser toutes choses en place.

Le peuple eût vu que lui seul était touché
par ces lois iniques : aujourd'hui, il a été possible de lui dire que le citoyen lésé était
celui dont il est jaloux, le bourgeois et le
riche.

On lui a fait croire qu'on ne suppri-
mait que les écoles payantes, ou libres ;
que les religieux ou religieuses congédiés ne
lui servaient de rien : pour un peu, on les faisait passer pour des fainéants, des parasites
de la société, des hommes et des femmes qui
mangeaient le pain de citoyens plus utiles.

Les lois dernières n'auraient-elles pas sou-

levé partout des protestations plus franches,
si l'on avait vu sur le pavé cinq cent mille
vieillards, femmes et enfants qui ne vivaient
que par ceux qu'on chassait ?....

****

Les proscripteurs savaient bien que les
exécutions « *par petits paquets* » leur étaient
indispensables.

Ils n'ont eu peur du peuple qu'à un seul moment.

Et ce moment fut celui où les Bénédictins
partirent brusquement en exil, sans attendre
ni procureurs ni gendarmes.

S'ils avaient été suivis alors par tous ceux
qui ont été chassés depuis, c'en était fait de la
loi stupide.

****

« *Les moines de Solesmes sont des révol-
tés*, » disait le président de la République à

l'Evêque de Verdun, rappelant la parole des Césars, quand ils traitaient les chrétiens au nom des lois qu'ils fabriquaient.

Le cynisme des persécuteurs n'a pas varié à travers les siècles : une même ignorance des mots et des choses les enveloppe dans la même impudeur, en face des victimes.

V. — **Quelques guérisons spéciales**

. « Soyons francs· »

F. B.

Nous ajoutons ici la relation de quelques guérisons :

L'une des plus frappantes est incontestablement l'observation du *lupus* de la figure, du nez, de la lèvre supérieure avec *perforation de la joue*, chez Mme Rouchel, de Metz, en Lorraine,

*
* *

Elle peut se résumer ainsi :

Le mal débuta en 1890. Il commença à envahir les yeux, après une émotion terrifiante, occasionnée par un fou furieux qui s'était précipité sur la malade, quelques heures après la naissance de son quatrième enfant.

Il y a de cela quatorze ans.

Les pustules ulcérées gagnèrent successivement le nez, les lèvres, et la muqueuse de la bouche.

***

Elle fut soignée, pendant les treize ans que dura le mal, par le docteur Bar, de Gorze, le docteur Kramer, de Saint-Julien-les-Metz, le docteur Ernst, le docteur Bendler de Wiesbaden et le docteur Muller, de Metz.

Rien n'arriva à soulager la malade.

Elle fut obligée de garder le lit du mois de décembre 1902 au mois de mai 1903.

***

Les plaies étaient devenues affreuses ; la perforation de la joue droite avait grandi et on voyait un trou au palais de la bouche, qui répandait l'odeur nauséabonde de l'ozène ;

tout cela accompagné de maux de tête et d'oreilles intolérables.

Ajoutez à cet état, le désordre fonctionnel occasionné par les aliments solides passant par le nez à cause de la perforation du palais, les liquides sortant par le trou de la joue.

La pauvre femme était un objet de dégoût pour son entourage et pendant plusieurs jours, elle fut hantée de l'idée du suicide : « Pour en finir, si je me jetais à l'eau ! »

Elle fut visitée alors par l'abbé Hanann, qui lui dit : « Puisque la nature et les médications n'obtiennent rien, pourquoi ne pas penser à Notre-Dame-de-Lourdes ? »

Dès ce moment, la confiance vint à l'âme de la malade.

Elle partit un jour avec un grand nombre de messins.

De Metz à Paris, la nuit fut horrible de

souffrances et de tristesse, en voyant s'écarter d'elle instinctivement tous ses compagnons incommodés de l'odeur infecte des plaies.

La sœur Sophie seule avait le courage de faire son pansement.

De Paris à Lourdes, l'étape fut plus douloureuse encore.

*
* *

La prière de la bonne femme est extraordinaire dans sa naiveté.

Laissons la raconter elle-même son arrivée.

Avec Joséphine et Marie Berré de Farschwiller, elle va à la grotte :

« Je me suis mise à genoux et je lui ai dit, à la bonne Vierge, qu'elle m'ôte ce vilain linge. Si elle veut me punir, qu'elle mette mon mal sur une jambe, mais pas sur la figure et pas dans la bouche. ...je lui ai dit encore qu'on n'a jamais entendu dire qu'elle ait refusé d'écouter un pauvre pécheur. »

*
* *

Elle se lavait aux piscines... Le samedi 6 septembre, elle ne veut point qu'on lui touche les plaies, elle veut les panser elle-même.

« A ce moment, la bouche était affreuse, la lèvre supérieure relevée et enflée, bouchant les narines ; sur cette lèvre, des boursoufflures toutes pointillées de plaies ; sur le côté droit de la bouche, un trou, d'où s'échappait du pus. »

Mme Rouchel faisait donc elle-même ses ablutions, cherchant à ce qu'on la vît le moins possible.

*
* *

L'évêque de Saint-Dié présidait ce jour-là la procession : mais la malade, par délicatesse, ne se mettait pas avec les autres sur la place du Rosaire. Elle se cachait dans un coin de l'église.

Au moment où l'évêque entre avec l'ostensoir, elle entend le prêtre acclamant : « Seigneur, vous pouvez me guérir. » Et le linge qui adhérait aux plaies tombe sur son livre de prières et y imprime une large tache de sang. Elle croit que l'infirmière lui a mal attaché son bandeau, va se réfugier derrière un pilier de la *Grande-Rampe*, fait un double nœud et rattache tant bien que mal son linge. Elle se dirige alors vers la Grotte où elle se penche pour prendre un peu d'eau... Le linge tombe encore, malgré le double nœud.

Quand elle rentre à l'hôpital, elle rencontre ses deux compagnes de Farschwiller qui lui disent :

« Mais, madame Rouchel, vous n'avez plus

de plaies. Comme votre figure est belle à présent ! »

— Ah ! ma sœur, dit la malade, j'ai bien *grogné* contre vous, quand j'ai vu tomber mon bandeau.

La sœur la regarde et s'exclame à son tour : « Mais vous n'avez plus besoin de bandeau ! — Bénissez Dieu et la Sainte Vierge ! »

*
* *

Toute la plaie s'était comme *desséchée* ; le trou de la joue était fermé *tout à fait* ; la cicatrisation était complète.

La malade fit un effort pour se rendre au bureau des *constatations médicales*, distant d'environ six cents mètres de l'hôpital. Elle voulait se cacher encore.

« Là, on m'entoura, dit-elle plus tard, comme un criminel qu'on va juger. »

Elle montre le certificat du docteur Ernst, de Metz, ainsi libellé : « *Mme Rouchel, at-*

teinte depuis douze ans D'UN LUPUS DE LA FIGURE, DU NEZ ET DE LA LÈVRE SUPÉRIEURE. *Tous les remèdes connus jusqu'ici n'ont pu enrayer le mal. Sa maladie paraît incurable.* »

***

A la lecture de ce certificat, la malade ajoute gravement : « Dieu et sa Mère m'ont guérie. »

Le bureau constata que le mal avait disparu ; les plaies de la face, du nez étaient sèches, ne suppuraient plus ; la peau seule présentait une certaine rougeur. A la lèvre existait une légère ulcération de la face interne.

M. le docteur Boissarie dit : « La guérison de cette femme est le pendant du fameux lupus dont parle Zola. »

***

Pendant les trois jours qui suivirent, la malade se cacha aux regards des curieux, priant et exprimant à la Vierge sa reconnaissance.

Elle se fit voir cependant à plusieurs personnes, dès qu'on lui disait qu'elle le *devait* pour un bien à leur faire. A un homme riche qui voulut lui faire une offrande : « Donnez votre argent à l'œuvre de la Vierge », répondit-elle.

*
* *

A Cette, deux médecins la prièrent de descendre du train : elle le fit pour leur permettre d'examiner ses cicatrices.

A Metz, ses enfants accoururent avertir le père qui ne voulut croire qu'après avoir vu.

Il vit et crut.

Après les dernières cérémonies des pélerins, elle réintégra son petit logement de la rue Vigne Saint-Avold.

Depuis cette époque, la guérison s'affirma.

Plus de maux de tête, ni d'oreille ; aucune

insomnie. La nourriture et toute nourriture, chaude ou froide, solide ou liquide, tout passe ; la parole est redevenue nette et distincte. Il y a une légère ulcération à la face interne de la lèvre mais elle n'en éprouve ni gène, ni douleur : « C'est un souvenir de son ancien mal, que la Vierge a voulu lui laisser, pour qu'elle n'oublie jamais. »

* * *

Tracassée et priée d'aller au commissariat de police, elle s'y rendit et se trouvant en présence de nombreux fonctionnaires, elle leur dit simplement : « Que je vous réponde comment cela s'est passé ?... je ne sais qu'une chose, c'est que j'étais bien malade ; les médications ne m'ont pas guérie ; j'ai trouvé là-bas le Grand Médecin qui m'a guérie. Regardez-moi, car je suis bien guérie. »

[*]

Le docteur Ernst confirma largement le fait comme prodigieux.

Le docteur Muller la revit aussi et lui dit : « Israélite, je ne peux pas reconnaître votre sainte Vierge. Dites-moi seulement que c'est le Bon Dieu qui vous a guérie et je serai d'accord avec vous ! »

[*]

C'est une concession que nous accordons volontiers à notre confrère. La *Cause Première* est Dieu : Il a pitié de nous.

La Vierge, créée sans la tare adamique le prie pour nous.

[*]

A quoi bon commenter le récit simple et concis que nous venons de faire !

Ceux qui ont été témoins du fait sont ici légion.

La guérison s'est affirmée de jour en jour.

***

Et les rayons de Finsen, de Copenhague ? et les rayons X ?... et le radium ?... Ils opèrent en dix, quinz', quelquefois soixante séances des miracles comme ceux-là !

— Quel dommage qu'il ne se soit pas trouvé à Metz un médecin appliquant ces nouvelles méthodes !

— On n'aurait pas eu à envoyer à Lourdes, cette bonne femme !

— D'ailleurs, rien ne prouve que la suggestion ne puisse arriver à une action vaso-constrictive semblable !

— La Foi, l'assurance d'être guérie peut tant sur les maladies de la peau : la plupart de ces maladies ne sont que des états réflexes de vices du sang.

— Le système nerveux peut beaucoup de choses que nous ne pouvons pas connaître encore !

*
* *

A toutes ces réflexions, je ne vois qu'une réponse :

Quel mal voyez-vous, chers et estimables confrères, à ce que *la confiance naisse dans le cœur du désespéré* ?

Que vous importe, que cette confiance repose sur une personne ou sur une autre ?

Que l'être invoqué soit supérieur à l'Homme, il pourra incontestablement plus que l'Homme !

En quoi peut nuire à la Science Médicale, la confiance que nos malades mettent en la Science Divine ?

Sommes-nous donc si savants que nous n'ayons plus rien à apprendre ni à savoir ?

Le Sage ne dit-il pas : « Je ne sais qu'une

chose certaine, c'est que je ne sais rien. »
Ou, comme Solon : « Je suis un vieillard et
je commence à peine à savoir ce que je dois
apprendre. » — ?

***

— Non : Je ne vois pas en Lourdes une
réelle concurrence, ni un exercice illégal de la
Médecine :

LES GUÉRISONS QUI S'Y PRODUISENT NE RELÈ-
VENT PAS DE LA MÉDECINE, MAIS DE LA CRÉA-
TION.

***

Un de nos confrères écrit le 22 septembre
1904, dans *le Concours Médical*, la lettre
suivante :

Terrasson, 22 septembre 1904.

Mon cher confrère.

J'ai eu dans ma clientèle, en 1892, un cas
analogue à celui que rapporte le docteur Canard.

Le sujet était une jeune fille d'environ 16 ans, qui, à la suite d'une chute sur le genou, fut prise des mêmes accidents que la malade de notre confrère. Elle présentait *tous les signes d'une coxalgie qui fut confirmée par un spécialiste en renom.* Cette jeune fille eut de plus, une crise nerveuse des plus violentes suivie d'un état de mort apparente assez prolongé.

Le traitement classique fut employé ; il y eut de l'amélioration ; la marche avec des béquilles fut possible et, en fin de compte, *la malade fit un voyage à Lourdes d'où elle revint guérie.*

La crise nerveuse et quelques autres accidents m'avaient donné à réfléchir et mis en garde contre une véritable coxalgie. *La rétraction musculaire céda à la suggestion religieuse.*

J'ai eu beau dire que tout autre cause morale aurait pu amener le même résultat, *le*

*miracle n'en fut pas moins enregistré à l'ac-
tif de Lourdes et publié à grand orchestre.*

Depuis, l'état de cette malade est bon, sauf quelques bizarreries de caractère appréciables.

Veuillez, mon cher confrère, agréer l'assurance de mes meilleurs sentiments

Dʳ L. LOMBART.

*
* *

Nous répondons à nos confrères les docteurs Canard et Lombard :

1° Admettons qu'une *vive émotion quelconque* ait pu rendre l'usage normal de la jambe : *quel moyen* avait-on de provoquer cette émotion ? — Et *de quelle nature* pouvait-on la donner hypnotique, joyeuse, terrifiante, etc... ?

2° N'était-il pas plus simple de laisser l'émotion religieuse suivre son cours?... c'est ce qui se fit et réussit.

3º Que la jeune malade, engagée par la reconnaissance, reste une bonne fille, et demeure dans la droite ligne, quel inconvénient y-a-t-il ?

4º Concluons que ce qui est acquis est un fait heureux, et ne cherchons pas « la petite bête » *même pour Lourdes*.

En thérapeutique, le *post hoc, ergo propter hoc*, peut être admis ; sans cela, nous n'aurions plus aucun contrôle médical.

Que votre malade guérisse !... c'est ce que vous voulez, n'est-ce pas ? *Qu'elle se figure que, parce qu'elle a prié*, il vous soit venue, à vous, mon honoré confrère, une bonne formule qui lui convient ! c'est très bien, et je vous en félicite.

*
* *

Je veux bien vous concéder que dans le cas particulier dont nous parlons, il y ait eu simplement *suggestion religieuse :* n'êtes-vous point d'avis que, si cette jeune fille eût été *votre enfant*, vous eussiez été particulièrement heureux d'une telle suggestion, et d'une *guérison qui se maintient*, dites-vous, *depuis douze ans* ?

*
* *

Ne pensez-vous pas, avec moi, que, si nos *Ecoles* de Nancy et de la Salpétrière avaient à leur actif beaucoup de phénomènes de ce genre, le devoir ne serait pas de leur adresser tous les *malades suggestionnables* ?

Notre devoir n'est-il pas, si non de provoquer, du moins de ne pas troubler *le grand orchestre*, qui se fait autour de cette *sug-*

gestion religieuse, de toute la plus simple, la plus inoffensive, puisqu'elle n'engage guère les pauvres gens qu'à réciter des « Pater » et des « Ave » ?...

*
* *

Qui ne voit que nous sommes toujours les mêmes, Français d'âme, mais *Allemands pour la querelle* ?... Nous admettons qu'on promène le *drapeau rouge*, mais non *la bannière d'une procession* !... O liberté pour moi, mais non pour le voisin !... Quelle ironie cérébrale !...

*
* *

Le cas de François Vion, né le 15 avril 1860 à Lalleyriat, canton de Nantua (Ain), est l'un des plus remarquables comme documentation.

Soldat au 27e régiment d'infanterie à

Dijon, il est envoyé, vers le milieu de novembre 1882 à Montceau-les-Mines, (Saône et Loire). Dans un sauvetage d'incendie, il vit, « dit-il » une grande flamme lui arriver en « pleine figure ». Sa vue resta troublée et ses yeux s'affaiblirent tant qu'en moins de trois mois, il ne vit plus rien.

A l'hopital de Dijon, où il était soigné, on ne put que porter le diagnostic :

« Décollement des deux rétines. »

En 1883, on le renvoya dans sa famille avec 180 francs de gratification renouvelable.

Il était très peu dévot et sa mère, lui parlant de chapelet et de neuvaine, était assez mal venue près de lui.

En 1884, l'oculiste Dor, de Lyon, délivrait le certificat suivant:

Je soussigné, docteur en médecine, domicilié, 2, quai de Charité, à Lyon, déclare que

Vion-Dury, François, soldat réformé, de Lalleyriat, canton de Nantua (Ain) est affecté de
décollement des deux rétines. Bien que la
rétine se soit rappliquée dans l'œil gauche,
cet œil ne distingue pas le jour de la nuit.
Avec l'œil droit, M. Vion-Dury compte à
peine les doigts à 30 centimètres de l'œil. Il
ne peut donc faire aucun travail et doit être
considéré comme aveugle des deux yeux, sa
maladie étant incurable.

Lyon, le 16 septembre 1884,
Docteur DOR.

A Lausanne, même diagnostic et même
pronostic : chez le docteur Dufour, oculiste
très connu, les traitements avaient échoué. A
deux reprises différentes — pendant cinquante
jours la première fois, pendant dix-neuf la
seconde fois, on avait tout essayé.

On lui annonça alors qu'on jugeait « tout remède inutile. »

***

En 1887, le malade veut bien commencer une neuvaine, sur les instances de sa mère, mais il *s'obstine* à « ne pas se trouver *digne* d'employer l'Eau de Lourdes en frictions sur les yeux. »

***

Le récit fait par le malade montre un esprit plutôt pusillanime, hésitant, scrupuleux. L'expression « je ne suis pas digne » revient constamment sous sa plume, comme une pensée familière et dominant en quelque sorte une cérébralité un peu primitive.

A la mort de sa mère, en 1890, il obtient son admission à l'hospice de Confort, près Bellegarde (Ain).

Là, il rencontre une bonne sœur qui lui suggère l'idée de sa guérison possible :

Le dialogue rapporté est naïf :

— Pauvre monsieur, lui dit sœur Louise, vous êtes encore jeune, pour être complètement aveugle. Si vous avez la foi et si vous aimez bien la Sainte-Vierge, vous pourriez obtenir de voir assez pour vous conduire.

— Ma sœur, « je n'en suis pas digne ».

— La Sainte-Vierge ne fait pas attention à cela. Je dois vous dire qu'un homme estropié des deux jambes et très peu dévot a obtenu sa guérison. C'est un menuisier de Lavaur.

— Ma sœur, c'est impossible, « je ne suis pas digne ! »

Et constamment, nous trouvons cette phrase de sa petitesse, de son peu de valeur morale, dans la relation de la triste existence qu'il menait alors.

*
**

En se guidant avec son bâton et en suivant le fil de fer, établi le long de l'allée, le pauvre aveugle de trente ans, allait souvent devant la statue de la Vierge, au bout du jardin de l'hospice.

*
**

Un dimanche, il assiste, comme tous les dimanches, à la lecture de l'Evangile du jour, faite par sœur Marthe. C'était l'histoire du pharisien et du publicain. Il se l'appliqua, toujours avec sa pensée dominante : « *qu'il ne valait pas grand'chose.* »

Il fit tout haut cette réflexion et sœur Marthe lui dit tranquillement :

— Est-ce que vous pensez que le menuisier valait plus ? Demandez toujours.

— Eh bien, ma sœur, donnez-moi, si vous

voulez bien, ce soir, *un peu d'Eau de Lourdes*.

*
* *

La bonne sœur lui en apporte. Il se couche, très fatigué. Et, toujours, comme dans une monomanie, revient le sentiment de son indignité : on l'entend répéter : « Je ne suis pas digne ! » Il lui semble alors qu'il lutte avec un ennemi invisible.

*
* *

Tout à coup, dans un geste brusque, il saisit la bouteille et nerveusement brise le bouchon : trois fois, avec l'index de la main droite, il passe l'eau de Lourdes sur ses yeux.

— La sœur s'est trompée, s'écrie-t-il : c'est de l'ammoniaque qu'elle m'a donné !

***

Pour s'en assurer, il porte le flacon aux lèvres. *Tout d'un coup, comme un coup de fusil,* je vois !

— Simon, Simon, je vous vois, crie-t-il à son plus proche voisin. Allez chercher les sœurs !

Un camarade qui n'était pas couché encore, s'approche et l'interpelle :

— Si vous voyez, dites ; comment suis-je habillé ?

— Vous avez un tricot, une cravate, un chapeau...

— C'est vrai... il voit !

Les sœurs arrivent.

— Est-ce possible ?... Est-ce croyable ? O sainte Vierge ! que vous êtes bonne !... Ah ! ma pauvre maman !... c'est extraordinaire !... que je suis heureux !...

Toutes les exclamations à la fois viennent sur les lèvres...

— Priez, mes sœurs, s'écria-t-il enfin lyriquement.

— Cachez la lampe, dit une sœur, la lumière pourrait lui faire mal aux yeux.

— Non, non, laissez-la, rien ne me fait mal.

On lui donne un livre : il lit couramment.

Il y a évidemment de l'ivresse — et qui ne le comprend? — dans la joie qu'exprime alors le malheureux qui voit, aprés plus de six ans de cécité.

Nous savons que le décollement de la rétine dans les deux yeux est un diagnostic facile à établir. Nous savons encore mieux que, si l'iridectomie apporte quelque amélioration, le plus souvent celle-ci est passagère.

*
* *

C'est donc une véritable guérison spéciale qui s'est produite ici. Une rétine, deux rétines ne se recollent pas ainsi — par un simple attouchement d'eau pure ! — Il a fallu *l'intervention de Celui qui sait* pourquoi une rétine a besoin d'être bien adhérente, pour la transmission des vibrations lumineuses au nerf optique et aux centres de la perception, et à qui, suivant la belle expression de Lamark, « il a plu que les choses fussent ainsi ».

« Si par autant d'actes de sa volonté, il lui plaît de s'occuper continuellement des moindres détails de toutes les variations, de tous les développements et perfectionnements, l'en admirerais-je moins ?... » concluait le vénérable précurseur de Darwin.

Avec lui, nous admirons la Science transmissible du Divin chez l'Humain indigne et faible, mais apte à recevoir, quand il est capable de demander.

« La plupart de ceux qui vont à Lourdes sont des croyants ; ce sont les mêmes gens que l'on rencontre dans les églises, dans les chapelles de Notre-Dame-des-Victoires, de la Garde, de Fourvière.

« Partout où l'on observe ces hommes et ces femmes, on remarque qu'une quantité sont *des dégénérés* : front bas, oreilles mal ourlées ou décollées, yeux éteints ou illuminés, menton rentrant, etc., etc. »

Assez facilement on serait tenté de tomber dans le piège caché sous cette déconsidération d'apparence scientifique : La crédulité serait l'apanage des cerveaux faibles et dégénérés; l'incrédulité serait celui de l'esprit mûr et fort, de l'être mieux évolué, de l'homme plus complet.

*
* *

Rien n'est plus faux que cette sorte d'anthropométrie rapide ; rien n'est moins scientifique.

Le docteur Bertillon, directeur et inventeur de la véritable *Anthropométrie* dont les mensurations ont été universellement adoptées en Europe, a fait sur ce sujet des observations très savantes qui s'adressent spécialement au mode de reconnaissance des individualités.

Malgré les détails minutieusement relevés, il ne peut donner encore de règles fixes de la dégénérescence.

*
* *

La forme de la boîte crânienne ne peut indiquer la qualité ni la quantité de cerveau qu'elle renferme, et l'on est mal venu à vouloir ressusciter, sous de nouvelles manières, les vieilles erreurs de la phrénologie de Gall. Nous avons voulu souvent trouver dans les contextures et les contours superficiels, des indices de dégénérescences ou de malformations intimes ; nous avons toujours été déçus, aussitôt que nous avons généralisé ; nous avons eu presqu'autant d'exceptions que de règles, aussitôt que nous avons essayé d'en formuler.

*
* *

Je trouve certainement plus de petits képis à l'Ecole polytechnique qu'à l'Ecole de Saint-Cyr, plus de petits chapeaux à Saint-Sulpice qu'à l'Ecole Normale Supérieure ou aux Missions Etrangères.

Les chapeliers en font la remarque avec leurs conformateurs.

Cela implique-t-il qu'il y ait plus de dégénérés à Polytechnique qu'à Saint-Cyr ?

Non, certes.

L'explication serait tout autre.

Par l'habitude des mathématiques, certaines circonvolutions cérébrales antérieures peuvent se développer au détriment de certaines autres, postérieures ou centrales : cette constatation paraît juste et elle s'explique par une irrigation sanguine plus continue — en vertu du principe : *tout organe qui fonctionne fait appel au sang*.

Par la méditation, la logique et la mystique pratiquées, s'accroissent chez l'homme, les circonvolutions de droite qui semblent affectées au côté psychique ; cela peut se faire

au détriment des centres *parleurs, moteurs,*
ou *cérébelleux* : nous l'admettons très bien.

*
* *

Ce que nous n'admettrons jamais, c'est qu'on
veuille scientifiquement faire passer pour des
crétins ceux qui sont simplement des *chrétiens*.

*
* *

En développant nos facultés de raison et
d'observation, en les soumettant à une bonne
foi très raisonnée et bien assise sur des bases
très réelles, nous élevons nos idées, nos âmes
et, croyez-le bien, cette manière de développer
le cerveau humain en vaut bien quelques
autres.

*
* *

L'inspecteur des asiles des départements de
la Seine, qui veut voir sans parti pris, trou-

vera que, plus des quatre cinquièmes des cas d'aliénation mentale ont été provoqués par les *vices* héréditaires ou acquis ; à peine quelques cas seront dus à une éducation religieuse déviée.

*
* *

Qu'il y ait, en ce moment, une certaine dégénérescence des catholiques, c'est possible, puisqu'ils supportent la tyrannie.

Mais ceci est une toute autre question à traiter à part, et non ici.

*
* *

Avouons humblement, que nos connaissances médicales restent très bornées sur tout ce qui concerne les centres nerveux.

Depuis la stupéfaction qui a saisi les Maîtres qui firent l'autopsie du génial Bichat, en constatant qu'un des *lobes* de son cerveau était comme *atrophié*, tandis que l'autre était énorme, bien d'autres observations, tout aussi bizarres, ont pu être faites, pour le cerveau de Gambetta, et jadis pour celui de Napoléon.

La science de ce côté n'a pas fait un pas.

Nous avons vu, il y a quelque vingt ans, M. Luys collectionner les cerveaux des morts, dont le genre de vie avait pu être connu dans ses parties essentielles.

*
* *

On pouvait apercevoir là les cervelles les plus diverses, ayant appartenu à des acteurs, des peintres, des littérateurs, des ménagères, des actrices, des anciennes courtisanes, des assassins, etc., etc. A peine, pouvions-nous y signaler des différences, des anomalies. C'était comme les variétés qu'on trouve dans les nez, les yeux, les bouches.

Le livre de Luys déjà ancien, « *Le Cer-*

veau » reste ce que nous avons de mieux en littérature médicale sur ce sujet.

** * **

Depuis lui, nous avons des professeurs qui sont tous des disciples de Charcot dont les œuvres demeurent comme des monuments dans l'histoire de la Médecine.

« Mais, comme le disait Charcot lui-même, s'il y a de meilleures descriptions, nous n'avons guère ni meilleures explications ni meilleurs remèdes. »

** * **

La thérapeutique des maisons d'aliénés non plus, n'a guère varié : — douches, isolement, régime — un peu de bromures et beaucoup de valériane — calme et hygiène. Voilà le bilan.

De temps en temps, une nouvelle dénomination tirée du grec, à laquelle on ajoute le mot *manie* ou *sthénie* comme dypsomanie, pour dire l'envie de boire, ou neurasthénie pour indiquer la préoccupation sanitaire ; et la Science vit. Elle continue à soulager les cerveaux et les moelles, avec patience et quelquefois jactance.

Nous admirons, malgré cela, bien qu'ils soient aux antipodes de nos idées, des hommes, comme Bourneville qui passe son existence à Bicêtre, au milieu des monstres et des aberrants de l'idiotie, du goître, du crétinisme et du nanisme : ces nains souvent méchants, mal venus, épileptiques, nés de l'alcoolisme ou du vice sont des objets de répugnance. Consacrer son labeur ou sa peine à améliorer, à rendre acceptable leur condition nous apparaît digne d'un saint Vincent de Paul.

*
* *

Quand nous voyons des confrères, comme MM. Magnan, Jacques, Vallon, Garnier et tant d'autres, passer de longues heures parmi ces malheureux cérébraux et déments, souvent dangereux, nous voudrions qu'on leur donnât toutes les décorations possibles ; ils les méritent mieux que beaucoup d'autres citoyens qui ne risquent rien dans les laboratoires ou les bureaux.

Dans leur mission de dévouement, de tout cœur, nous leur souhaitons la foi qui comprend, l'espérance qui encourage, l'amour qui sublime tous les labeurs.

VI. — Le Rythme et le Mécanisme des guérisons miraculeuses.

Un savant et fin psychologue à qui nous disions notre pensée de publier nos remarques sur Lourdes essaya de nous en dissuader :

« Vos malades, même catholiques, dit-il, vous prendront pour naïf et crédule. »

Il y a du vrai dans cette réflexion.

Le croyant consent, peut-être à son insu, à trouver « Méphistophélès » derrière le docteur Faust. Un médecin qui fronde la Religion lui apparaît dans un rôle soutenable.

Malade, il veut un juge infaillible et son assurance repose sur cette infaillibilité, comme si l'aplomb du docteur injectait la confiance avec les sérums.

*
* *

Nous savons cela.

Et cependant, nous ne croyons pas devoir mettre les lumières sous le boisseau.

Nous aimons mieux nous exposer aux faciles plaisanteries et aux âpres critiques que de cacher ce que nous pensons vrai.

L'indépendance est un plaisir qui vaut cher de notre temps.

*
* *

Une fois encore, nous voulons distinguer nos remèdes naturels et ceux qui ne le sont pas.

*
* *

Nos remèdes sont le fruit de longues années d'études et d'expériences : Plus que jamais, nous nous appliquons à mettre en évidence les lois naturelles démontrées par des cures soutenues.

Mais, nous ne pouvons méconnaître et nier toute une série de phénomènes d'un autre ordre.

Il y a des malades qui guérissent en dehors de nous.

Cela est certain.

Dans un village du Nord, à Fretin où vivent les deux frères Goeman, aussi intelligents que généreux, les docteurs ont pu constater une sorte de *contagion de miracles*.

Six personnes ont été guéries, au moment

où chacune d'elles était considérée comme perdue.

Chacun cite leurs noms, a pu suivre l'évolution du mal et constater la brusquerie de sa disparition.

Ce sont :

1° Alphonsine Collette (25 ans) soignée pendant onze ans par les docteurs Lemaire, Misson, Turgard, Wagnier et Deroubaix. Elle guérit subitement de tous ses abcès périamygdaliens et de son état général déplorable.

2° Paul Décarnin (14 ans), guéri brusquement chez lui, après une visite où Alphonsine Collette lui fit avaler une cuillerée d'eau de Lourdes. Il mourait d'appendicite.

3° Angèle Lelièvre, guérie instantanément, entre Tarbes et Lourdes. Tout le monde la voyait déjà mourant dans son wagon de chemin de fer.

4° Henri Delpienne, qu'on appelait « le

petit martyr », tant il souffrait depuis l'âge de sept ans. Atteint d'ostéo-myélite diffuse, il vint à Lourdes, mais ne fut guéri qu'en route. Il revint « béquille sur l'épaule. »

5° Marie Druelle (46 ans) ne fut également guérie qu'en revenant à Lille. La tumeur qu'elle portait au ventre a disparu, les jambes furent dégonflées, la santé fut parfaite. La pauvre femme, mère de cinq enfants, cabaretière est connue de tout le monde.

6° Encore à Fretin, Louis Dutilleul (26 ans). Le docteur Phocas de Lille, lui ouvre le dessus du pied (tarse et métatarse) dans toute sa longueur. Depuis ce temps, les abcès succèdent aux abcès. Le talon, la cheville, la jambe, tout se prend. Cordonnier, il doit renoncer à son état ; la tuberculose osseuse s'accentue tous les jours.

Il se décourage et enfin pense à Lourdes. Il y va et *tout à coup*, comme dans un rêve, sa jambe se raffermit, la suppuration se supprime. Il marche et sa jambe n'a rien perdu de sa longueur.

*
* *

Notons ici un détail curieux.

La variété des dispositions morales des malades guéris à Lourdes est grande ; mais nous voyons presque toujours une sorte d'intuition initiale :

— « Je serai guéri ! »

Il semble que ce soit un événement qu'on escompte à l'avance.

*
* *

Qu'on appelle cela de l'auto-suggestion ou de la confiance inébranlable, peu importe.

« — Il faut que cela soit ! »

Il y a volonté, protestation, réaction contre le mal.

Ce phénomène parait le même que celui que la nature nous montre ; chaque fois qu'il y a invasion par un microbe, ou un corps étranger quelconque, nous observons cette réaction.

Un apathique résigné est rarement un guéri.

Il semble qu'il en soit du moral comme du physique.

Si le corps *accepte et cultive* le parasite, il en devient la victime : s'il le rejette, le digère ou l'emprisonne, il est vainqueur.

Dans le miracle, l'âme veut et devient pour ainsi dire *puissante* de la puissance même du créateur : La chose anormale cède la place à la normale.

C'est là un premier mécanisme observé dans presque toutes les guérisons.

*
* *

Le résultat de cette intervention puissante se traduit souvent par une *vaso-constriction extraordinaire* qui arrête brusquement une hémorrhagie, une purulence, une paralysie.

*
* *

Le système nerveux vaso-moteur est le véritable frein qui serre ou qui relâche les vaisseaux qui renferment le sang. Le *relâchement* des vaisseaux peut entretenir une plaie, une suppuration, une congestion. Leur *resserrement* prive la portion malade de l'afflux sanguin et par conséquent peut *ramener à l'équilibre* la nutrition de la partie lésée.

*
* *

Le *retour brusque à l'équilibre* (ni trop ni trop peu) constitue l'état normal et c'est la guérison miraculeuse, distincte de la nôtre lente, graduelle, par des moyens appropriés.

*
* *

Nous donnons ici des opinions personnelles fondées sur un grand nombre d'observations au sujet du mécanisme des guérisons dues à la prière.

Ce mécanisme ne rend que plus admirable l'intervention divine, car il montre la simplicité et l'unité parfaites de son action créatrice et réparatrice.

Il explique comment on ne voit pas le manchot revenir avec une main, l'amputé avec une jambe, l'opéré d'un organe avec l'organe régénéré.

*
* *

L'action divine n'est ni fantaisiste ni fantasque. Elle reste essentiellement raisonnable et conforme au RYTHME qu'elle a elle-même établi, dès l'origine.

*
* *

Non viciée, la Nature nous conduit à une limite vitale très éloignée, puisqu'elle n'obéit qu'à l'usure des cellules qui composent notre corps : Sans la maladie, chacun devrait vivre cent ans et plus.

La maladie n'est pas *naturelle*.

Elle est due à une déviation. C'est celle qu'il s'agit d'arrêter pour guérir.

*
* *

Dans un cas de déraillement, nous nous contentons de remettre sur les rails les wagons déjetés ; nous ne nous attardons pas à réparer les peintures défraîchies par l'accident.

Il nous est trop agréable de revoir rouler la machine jusqu'à sa destination.

*
* *

Ainsi, silencieusement se comporte la *Grande Force* qui se cache à Lourdes, près de cette fragile statuette dans l'embrasure de pierre, au-dessus de l'Eglantier.

Elle remet *sur la droite voie de la nature* les wagonnets ou organes qui sont indispensables pour mener notre vie terrestre à sa destination ultérieure.

Elle ne fait pas de nous des êtres extraordinaires, qui ne soient plus soumis aux lois naturelles, pas plus qu'elle n'a fait une humanité spéciale pour le Christ : Elle s'est contentée de ne pas lui donner nos défauts, mais l'a chargée de la douleur, sans la mettre à l'abri des violents et des coupables.

*
* *

C'est l'Harmonie des lois divines non rompue, même dans les miracles, qui me pénètre d'une admiration si profonde. Je me méfierais instinctivement d'une Puissance qui « ferait de l'esbrouffe pour épater le public », dirais-je volontiers en un langage populaire.

***

La Grande Force est simple

Cela paraît frappant, à chaque nouvelle découverte :

—- Comme cela est simple !

— C'est l'œuf de Christophe Colomb !

— C'est vrai, mais il fallait le trouver !

Telles sont les exclamations qui ont accueilli la marmite de Papin, qui nous fait traverser le monde en 80 jours, grâce aux locomotives, automobiles et paquebots.

Ce sont ces mêmes exclamations qu'on a faites pour le téléphone, les phonographes, les cinématographes, etc., etc.

La Grande Force est une

Cela apparaît plus que jamais dans la disparition pure et simple d'une plaie de la figure.

Le bandeau qui tombe quand il n'a plus d'horreurs à cacher ! c'est tout un monde !

Une transfiguration, une physionomie distinguée remplaçant un visage commun ; un nez droit succédant à un nez acquilin dans une guérison, semblerait du caprice et je comprendrais moins !

Je ne puis concevoir la Toute-Puissance se jouant des harmonies établies par elle.

Il y a des organes qui peuvent se régénérer quand il n'en reste plus qu'une portion :

Claude Bernard cite en particulier la rate, comme une glande capable de se retrouver entière, après avoir été opérée en partie, chez de jeunes animaux : c'est une exception qui lui fait dire que cet organe reste à l'état embryonnaire.

*
* *

Mais l'on n'a jamais vu un doigt coupé depuis un mois, capable de repousser, avec la forme de doigt intégral.

La raison donnée par notre illustre maître, c'est que chaque doigt de l'homme représente un « centre morphologique » spécial qui ne permet pas « sa rédintégration » ; dans les animaux très inférieurs, comme la salamandre, on a pu voir repousser les membres ; « et si l'on descend plus bas encore dans l'échelle des êtres organisés, on peut voir le centre morphologique du corps entier exister en quelque sorte dans toutes les cellules

de . l'animal (1). C'est ainsi que chaque frag-
ment d'un polype hydraire ou d'une planaire
reconstituera un animal entier avec ses organes et sa forme complète. Chaque cellule du
corps constitue donc, *chez ces êtres très inférieurs*, pour ainsi dire, un œuf ou un bour-
geon qui est capable de développer l'organisme
total. »

Dans ces organismes primitifs, il y a une
sorte de fermentation tout a fait primitive,
comme dans la fermentation du jus de
figues ou d'orge : tandis que dans les animaux
plus élevés, la levûre est devenue squelette
osseux, muscles, tendons, nerfs, vaisseaux,
peau, etc.

Tout cela fait qu'une fois coupé, un doigt,
pour se reproduire, devrait revenir à l'état embryonnaire de chaque élément qui le constitue.

Ce ne serait plus un miracle, ce serait *cent
miracles exigés* pour atteindre le même but

(1) Claude Bernard, *Physiologie générale*, page 144.

— *permettre à quelqu'un de se servir de la main* ou du pied, par exemple, — ce ne serait plus simple cela, mais très-compliqué.

Ce serait en quelque manière du raffinement, du luxe, « du chic », comme l'on dit en terme d'atelier.

Ces conditions pourraient se réaliser, mais en cas d'utilité majeure que nous pouvons ne pas connaître.

Rien n'est impossible ni difficile au *Créateur-Réparateur*.

* * *

Le phénomène opposé se voit plutôt après le miracle ; et la *trace* de la maladie ancienne demeure souvent comme un stigmate, comme des marques laissées par le conquérant sur son passage.

Henri Lasserre fut subitement guéri de sa cécité à la grotte que lui avait recommandée M. de Freycinet, alors en villégiature dans les Hautes-Pyrénées : il lui resta toujours, une extrême sensibilité de la vue. Mais il voyait... Il put composer et écrire de sa main les dessins et les textes de son admirable livre sur sa bienfaitrice de Lourdes.

Que pouvait-il demander de plus ?

Un jeune cordonnier de Fretin boite encore, par suite d'une luxation ancienne qu'il a eue à l'âge de six ans ; sa guérison de tuberculose osseuse n'a eu lieu subitement qu'à 26 ans.

Madame Rouchel guérie de son lupus perforant conserve une légère ulcération à la lèvre.

Nous pourrions trouver beaucoup d'autres cas semblables.

*
* *

Tout cela nous montre la simplicité des
opérations qui s'accomplissent à Lourdes et
le cas que le Législateur Souverain fait lui-
même de ses lois ; il y a là le *nombre*, le
poids et la *mesure* que nous découvrons dans
toute la Nature : nous les retrouvons jusque
dans les miracles de la Religion.

*
* *

Nous parlions ailleurs du « *quod decet* »,
de la retenue judicieuse que nos confrères,
les médecins enregistreurs, mettent dans
l'accomplissement de leur mission : nous di-
rions volontiers qu'ils ne font qu'imiter la
discrétion qui leur est enseignée par la Vierge
elle-même autour de toutes ces merveilles.

Une dernière remarque :

Quels sont les gens guéris à Lourdes ?

— Presque toujours des indigents, esprits simples et droits, croyant déjà ou disposés à croire.

*
* *

« Ce sont les plus faciles à suggestionner sinon à soudoyer par les prêtres », nous disent les intellectuels.

*
* *

— J'admettrais l'objection, si tous les parents, amis, connaissances, n'étaient pas les témoins : Dès lors, ils sont trop dont il faudrait surprendre la bonne foi.

*
* *

Quoiqu'il en soit, n'y aurait-il que l'empressement de toute la catholicité à se réunir autour de cette grotte creusée par le Gave, aussi ancien que les Pyrénées, d'où il descend : n'y aurait-il que cet immense mouvement au-. tour de la Vierge-Mère que Lourdes aurait droit à tous les respects.

Grâce aux pélérinages, les peuples connaissent la France qu'ils traversent.

L'Espérance règne dans les âmes.

Les Idées grandissent et s'élèvent.

L'Homme se rapproche de Celui qui l'a fait.

Lorsque Lamarck écrivit en 1810 son livre : *Philosophie zoologique*, il développa les grandes lois de l'évolution, qui marque le doigt divin dans chacune des formes de la matière ; il montra qu'aucune de ces formes animales n'est livrée au caprice, ni au hasard et qu'alors même qu'une bizarrerie se rencontre en apparence, il suffit de regarder d'un peu plus près, pour apercevoir une cause raisonnable et souveraine.

C'est ainsi qu'il indiqua comment quantité d'animaux dont on trouve la trace antédiluvienne n'avaient plus aucune raison d'être après ce cataclysme, dont les vestiges sont partout.

« Toute science a sa philosophie », dit-il. Le but de la science est de faire le rapprochement entre créateur et créatures.

Il est certain que tout homme, toute femme ne peut pas, en l'état actuel des choses, être un savant, une intellectuelle.

La vie matérielle a trop d'exigences et tous les cerveaux ne sont pas également développés.

ll y a donc — c'est indiscutable — des gens qui travaillent du cerveau, d'autres qui travaillent des mains.

Ces derniers, les ouvriers, les travailleurs, les serviteurs n'ont pas le temps de penser.

Ils ne peuvent se rapprocher d'en haut que par la religion, et *le miracle religieux est comme leur apanage.*

Le Christ refusait catégoriquement, quand les savants lui demandaient un prodige dans les airs ; mais, voyant porter en terre un grand garçon, soutien de sa mère, il fait arrêter le cortège, ouvrir la bière et s'adressant au cadavre : « Jeune homme, dit-il, lève-toi : je te l'ordonne. » Et il rend ce fils à sa mère.

Tout pour le peuple ! c'est la devise du Christ.

Il est extrêmement rare que le prodige s'adresse aux gens qui font de la science, qui se dressent en juges et discutent l'intervention divine.

Les savants peuvent aller à Dieu par la science ; c'est une grande faveur ; mais la science est comme la richesse :

Tant pis pour qui la possède et ne veut pas la distribuer !

VII. — **Un trait pour finir**.

« Il y a d'autres blessures à guérir. »

C'était au Père-Lachaise.

Le docteur V... assistait à l'enterrement de la femme d'un confrère, jeune mère de trente ans, morte d'une phlébite.

Deux petits garçons de sept et de cinq ans pleuraient toutes leurs larmes et sanglotaient à côté de leur père.

Non loin d'eux, le regard fixe, le chapeau de travers, la figure crispée, une dame, d'ailleurs élégante, regardait la voiture ou se trouvaient le prêtre, les enfants de chœur avec le crucifix.

Au moment où ils descendent : « Les misérables !... s'écrie-t-elle, ils disent qu'il y a un Dieu ! »

Le maître de cérémonies et les gardiens entraînent la femme, que nul ne connaissait, dans l'une des innombrables petites allées formées par les tombes et les chapelles.

Le docteur V... s'avance :

— Qu'y a-t-il donc? Madame, dit-il.

— Il y a que mon mari est mort... il est là... je ne peux plus le voir... je suis folle... je veux crier à tout le monde que les prêtres sont des misérables... ils n'y croient pas eux-mêmes, à Dieu !

— Cela vous rendra-t-il votre mari ? Madame.

— Non, mais je veux mourir aussi... je deviens folle !...

Le docteur voulut partir. Elle s'accrocha à lui :

— Vous y croyez, vous, Monsieur, à leur Bon Dieu ?...

— Absolument.

— Qui êtes-vous donc, alors ?

— Un médecin qui a beaucoup travaillé.

— Et vous y croyez ?... vous, un médecin, un savant !

— Oui ; sans cela, je trouverais que vous avez raison et qu'il vaudrait mieux pour vous de mourir.

— Et pourquoi vivrais-je ?

— Pour faire un peu de bien autour de vous.

— Comment ?

— En voyant des gens aussi malheureux que vous.

— Il n'y en a pas !

— Il y a beaucoup de désespérés dans Paris !

— Et que puis-je pour eux ?

— *Leur dire qu'il y a une vie, dont celle-ci est le préambule, une simple entrée en matière...*

— Et ensuite ?

— *Beaucoup plus de science, de connais-*
sance et d'amour !

— Ah ! docteur, vous croyez cela ?

— Oui, Madame, parce que j'ai raisonné
tout cela ; mais pardon, je dois serrer la main
à mon pauvre ami qui pleure sa femme.

*
* *

J'abrège ce trait pour finir.

La malheureuse désespérée fut à Lourdes.

Elle y consacra du temps, des aumônes.

Son fils est brancardier.

TABLE DES MATIÈRES

BUZANÇAIS (INDRE), IMPRIMERIE F. DEVERDUN.

IMP. R DEVERDUN
BUZANÇAIS (Indre)